A nuvem do não-saber

Dados Internacionais de Catalogação na Publicação (CIP)
(Câmara Brasileira do Livro, SP, Brasil)

A nuvem do não-saber / Anônimo do séc. XIV ;
apresentação, tradução do inglês medieval
e notas de Lino Correia Marques de Miranda
Moreira ; prefácio de Anselm Grün. 4. ed. –
Petrópolis, RJ : Vozes, 2013.

8ª reimpressão, 2023.

ISBN 978-85-326-3469-6
Título original: The cloud of unknowing
1. Contemplação 2. Misticismo – Idade Média,
600-1500 3. Vida espiritual I. Moreira, Lino
Correia Marques de Miranda. II. Grün, Anselm.

07-1285 CDD-248.22

Índices para catálogo sistemático:

1. Misticismo : Experiência religiosa :
Cristianismo 248.22

Anônimo do séc. XIV

A nuvem do não-saber

Apresentação, tradução do inglês medieval e notas de
Lino Correia Marques de Miranda Moreira, O.S.B.

Prefácio de Anselm Grün

EDITORA
VOZES

Petrópolis

Tradução do original em inglês intitulado *The cloud of unknowing*

© 2007, Editora Vozes Ltda.
Rua Frei Luís, 100
25689-900 Petrópolis, RJ
www.vozes.com.br
Brasil

Todos os direitos reservados. Nenhuma parte desta obra poderá ser reproduzida ou transmitida por qualquer forma e/ou quaisquer meios (eletrônico ou mecânico, incluindo fotocópia e gravação) ou arquivada em qualquer sistema ou banco de dados sem permissão escrita da editora.

CONSELHO EDITORIAL

Diretor
Volney J. Berkenbrock

Editores
Aline dos Santos Carneiro
Edrian Josué Pasini
Marilac Loraine Oleniki
Welder Lancieri Marchini

Conselheiros
Elói Dionísio Piva
Francisco Morás
Gilberto Gonçalves Garcia
Ludovico Garmus
Teobaldo Heidemann

Secretário executivo
Leonardo A.R.T. dos Santos

Editoração: Maria da Conceição Borba de Sousa
Diagramação: AG.SR Desenv. Gráfico
Capa: Juliana Hannickel
Ilustração de capa: Cláudio Pastro

ISBN 978-85-326-3469-6

Esta obra segue a grafia da língua portuguesa utilizada em Portugal.

Este livro foi composto e impresso pela Editora Vozes Ltda.

Sumário

Prefácio, 15

Apresentação, 23

Oração do prólogo, 27

Prólogo, 29

Capítulo I, 33
Dos quatro graus da vida cristã e do percurso vocacional daquele para quem se escreveu este livro.

Capítulo II, 35
Breve exortação à humildade e ao trabalho de que se trata neste livro.

Capítulo III, 37
Como se há-de executar o trabalho de que se trata neste livro, e do valor mais excelente desse mesmo trabalho por relação a todas as outras actividades.

Capítulo IV, 39
Da brevidade do trabalho referido e da impossibilidade de alguém se elevar até ele, quer pela curiosidade intelectual quer pelo exercício da imaginação.

Capítulo V, 45
Durante o trabalho referido, todas as criaturas do passado, presente e futuro, bem como todas as obras dessas mesmas criaturas, devem ocultar-se sob a nuvem do esquecimento.

Capítulo VI, 47
Breve ideia do trabalho sobre que versa o presente livro.

Capítulo VII, 48
De como, neste trabalho, a pessoa se há-de haver contra todos os pensamentos, especialmente os que provêm da curiosidade intelectual e científica.

Capítulo VIII, 51
Explicação de algumas dúvidas: advoga-se a supressão da curiosidade intelectual e científica, e distinguem-se os vários graus e diferentes partes da vida activa e da vida contemplativa.

Capítulo IX, 55
Durante o trabalho referido, é mais um obstáculo que uma ajuda a lembrança da criatura mais santa que algum dia saiu das mãos de Deus.

Capítulo X, 57
Como se há-de saber se um pensamento é ou não pecado e, em caso afirmativo, se é pecado mortal ou venial.

Capítulo XI, 59
Deve-se pesar cada pensamento e impulso segundo o seu valor próprio, e evitar sempre o descuido em relação ao pecado venial.

Capítulo XII, 60
O trabalho em questão tem por efeito não só destruir o pecado, mas também gerar as virtudes.

Capítulo XIII, 62
O que é a humildade em si mesma; quando é perfeita e quando é imperfeita

Capítulo XIV, 64
Se não tiver primeiro a humildade imperfeita, o pecador não poderá chegar à perfeição da humildade, durante a sua vida terrena.

Capítulo XV, 66
Breve prova contra o erro dos que afirmam que a mais perfeita causa da humildade é a recordação da própria miséria.

Capítulo XVI, 68
Por meio deste trabalho, um pecador verdadeiramente convertido e chamado à contemplação chega mais depressa à perfeição, e pode obter de Deus mais rapidamente o perdão dos pecados.

Capítulo XVII, 71
Um verdadeiro contemplativo não deseja imiscuir-se na vida activa, nem no que fazem ou dizem ao seu redor, e também não responde aos que o criticam, desculpando-se.

Capítulo XVIII, 73
De como, ainda hoje, os activos se queixam dos contemplativos, da mesma forma que Marta se queixava de Maria. A causa de tais queixas é a ignorância.

Capítulo XIX, 75
Breve justificação do autor deste livro, na qual se advoga que os contemplativos devem perdoar as críticas que lhes fazem os activos, por meio de palavras e actos.

Capítulo XX, 77
Deus omnipotente responderá da melhor maneira por aqueles que nem sequer se defendem a si mesmos, para se poderem manter ocupados em amá-Lo.

Capítulo XXI, 79
Verdadeira explicação do seguinte passo do Evangelho: "Maria escolheu a melhor parte".

Capítulo XXII, 82
Do maravilhoso amor de Cristo para com Maria, que personifica todos os pecadores verdadeiramente convertidos e chamados à graça da contemplação.

Capítulo XXIII, 84
De como Deus intervém espiritualmente em favor daqueles que, por estarem ocupados em amá-Lo, não se defendem a si mesmos, nem provêem às suas próprias necessidades.

Capítulo XXIV, 86
O que é a caridade em si mesma e como está contida, de modo subtil e perfeito, no trabalho sobre que versa o presente livro.

Capítulo XXV, 88
Durante o trabalho referido, a alma perfeita não se detém a considerar nenhum ser humano deste mundo.

Capítulo XXVI, 90
Sem uma graça muito especial, ou sem a graça comum e uma longa prática, o trabalho sobre que versa o presente livro é muito árduo. Qual a parte que pertence à alma, ajudada pela graça, e qual a parte que pertence a Deus somente.

Capítulo XXVII, 92
Quem se deve entregar ao trabalho da graça sobre que versa o presente livro.

Capítulo XXVIII, 93
Ninguém deve ter a presunção de se dedicar a este trabalho antes de legalmente haver purificado a própria consciência de todas as faltas particulares.

Capítulo XXIX, 95
É necessário exercitar-se com paciência neste trabalho, sofrer a sua dor e não julgar ninguém.

Capítulo XXX, 97
Quem deve criticar e condenar as faltas dos outros.

Capítulo XXXI, 98
De como o principiante se terá de haver contra todos os pensamentos e impulsos de natureza pecaminosa.

Capítulo XXXII, 99
Dois estratagemas espirituais que são uma ajuda para o principiante.

Capítulo XXXIII, 101
Na contemplação, a alma purifica-se dos seus pecados e do castigo dos mesmos; no entanto, não há repouso perfeito nesta vida.

Capítulo XXXIV, 103
Deus dá livremente, e de forma directa, a graça da contemplação, que não se pode alcançar através de nenhum meio.

Capítulo XXXV, 106
Quem ainda é aprendiz na arte da contemplação deve recorrer a três meios: a leitura, a meditação e a oração.

Capítulo XXXVI, 108
Das meditações dos que se exercitam continuamente no trabalho sobre que versa o presente livro.

Capítulo XXXVII, 110
Das orações particulares dos que continuamente se entregam ao trabalho sobre que versa o presente livro.

Capítulo XXXVIII, 112
De que modo e por que motivo a oração breve penetra os Céus.

Capítulo XXXIX, 114
De que modo deve orar o operário ideal, e o que é a oração em si mesma; quando se utilizam palavras, quais são as que melhor concordam com a natureza da oração.

Capítulo XL, 116
Durante a contemplação, a alma não presta especial atenção nem aos vícios nem às virtudes.

Capítulo XLI, 118
A discrição deve guardar-se em tudo, menos na contemplação.

Capítulo XLII, 120
Mediante a falta de discrição na contemplação é que se há-de guardar a discrição em tudo o mais.

Capítulo XLIII, 121
Quem quiser experimentar a contemplação perfeita terá de perder a consciência do seu próprio ser.

Capítulo XLIV, 123
De que modo a alma se deve dispor para destruir a consciência do seu próprio ser.

Capítulo XLV, 125
Explicação de alguns enganos.

Capítulo XLVI, 127
Como evitar as ilusões. A contemplação exige mais fervor de espírito do que energia física.

Capítulo XLVII, 129
A contemplação na pureza de espírito. Não devemos manifestar o nosso desejo a Deus do mesmo modo que o manifestamos a um ser humano.

Capítulo XLVIII, 132
Deus quer que O sirvamos com todo o nosso ser, e nos recompensará tanto no corpo como na alma. Como se há-de saber se são boas ou más as melodias e doçuras que invadem o corpo durante a oração.

Capítulo XLIX, 134
A substância de toda a perfeição nada mais é do que uma boa vontade. Em relação a esta, dir-se-ia que as consolações, melodias e doçuras que se podem experimentar na vida presente são meros acidentes.

Capítulo L, 136
O que é o amor casto. Alguns raramente experimentam consolações sensíveis, enquanto outros as obtêm com muita frequência.

Capítulo LI, 138
Deve-se ter muito cuidado para não interpretar em sentido material o que se deve entender em sentido espiritual, especialmente a palavra "em" e a palavra "acima".

Capítulo LII, 140
De que modo os jovens presunçosos entendem a palavra "em"; das ilusões que daí resultam.

Capítulo LIII, 142
Dos diversos comportamentos indignos que se encontram nos falsos contemplativos.

Capítulo LIV, 145
Graças à contemplação, o homem é capaz de se comportar com dignidade e sabedoria.

Capítulo LV, 147
De como se enganam os que se deixam levar pelo zelo do espírito e condenam o pecado sem discrição.

Capítulo LVI, 149
De como se enganam os que confiam sobretudo nas elucubrações intelectuais e na erudição humana, pondo de parte a doutrina comum e as directrizes da Santa Igreja.

Capítulo LVII, 151
De que modo os jovens presunçosos entendem a expressão "para o alto"; das ilusões que daí resultam.

Capítulo LVIII, 153
Não demonstram as visões de São Martinho e Santo Estêvão que, ao orar, devemos obrigar a imaginação a voltar-se para o Céu.

Capítulo LIX, 156
A ascensão de Cristo também não demonstra que devemos obrigar a imaginação a voltar-se para o alto. Tempo, lugar e corpo: os três devem ser esquecidos em toda a actividade espiritual.

Capítulo LX, 158
O melhor e mais rápido caminho para se chegar ao Céu é percorrido pelos nossos desejos, e não pelos passos dos nossos pés.

Capítulo LXI, 160
Toda a matéria está sujeita ao espírito, e, segundo as leis da natureza, é o espírito que governa a matéria, e não o contrário.

Capítulo LXII, 162
Como saber quando é que a nossa actividade espiritual se situa abaixo de nós e fora de nós, ou ao nosso nível e dentro de nós, ou acima de nós e abaixo de Deus.

Capítulo LXIII, 164
Das faculdades da alma em geral. A memória é uma das faculdades principais, que compreende em si mesma todas as outras faculdades e as realidades sobre as quais elas operam.

Capítulo LXIV, 166
Das outras faculdades principais: a razão e a vontade. A actividade de ambas, antes e depois do pecado.

Capítulo LXV, 167
Da primeira das faculdades secundárias: a imaginação; dos seus actos e da sua obediência à razão, antes e depois do pecado.

Capítulo LXVI, 169
Da outra faculdade secundária: a sensibilidade; dos seus actos e da sua obediência à vontade, antes e depois do pecado.

Capítulo LXVII, 171
Quem desconhece as faculdades da alma, e o modo como elas operam, facilmente se pode enganar, ao esforçar-se por compreender as palavras e os actos espirituais. De que modo a alma é divinizada pela acção da graça.

Capítulo LXVIII, 173
Em lugar nenhum, do ponto de vista material, é o mesmo que em toda a parte, do ponto de vista espiritual. O homem exterior chama nada ao trabalho de que trata o presente livro.

Capítulo LXIX, 175
As nossas disposições transformam-se maravilhosamente, ao experimentarmos o referido nada, que não se realiza em parte nenhuma.

Capítulo LXX, 177
Assim como, quando os nossos sentidos corporais falham, mais rapidamente chegamos ao conhecimento das realidades espirituais, assim também, quando os nossos sentidos espirituais falham, mais rapidamente chegamos àquele conhecimento de Deus que a graça nos permite alcançar na vida presente.

Capítulo LXXI, 179
Alguns só alcançam a contemplação perfeita quando entram em êxtase, mas outros conseguem experimentá-la num estado de alma normal.

Capítulo LXXII, 181
Um contemplativo não deve julgar outro segundo a sua própria experiência.

Capítulo LXXIII, 182
À semelhança de Moisés, Beseleel e Aarão, que se ocuparam da Arca do Testamento, nós progredimos de três modos na graça da contemplação, que é representada por aquela arca.

Capítulo LXXIV, 184
De como a alma dotada para o trabalho de que se fala nesta obra não pode discorrer sobre ele sem sentir uma verdadeira consonância com o seu fim. Repetição da exortação que vem no prólogo.

Capítulo LXXV, 186
Alguns sinais que tornam possível aferir se a alma é chamada por Deus à contemplação.

Prefácio

P. Anselm Grün

Não se sabe, até hoje, quem escreveu *A nuvem do não-saber*. Sabe-se apenas que foi um místico, teólogo e sacerdote que viveu em Inglaterra, no século XIV. O seu livro foi uma das obras espirituais mais lidas naquele século. E nos nossos dias foi novamente descoberto como uma introdução cristã à meditação abstracta. Precisamente no diálogo com a meditação Zen, que renuncia a tudo o que é concreto, *A nuvem do não-saber* mostra um caminho cristão, que assume os anseios das formas orientais de meditação, mas dá-lhes uma resposta cristã. Há hoje um renovado desejo de descobrir as autênticas raízes cristãs do caminho espiritual. Nesta busca, o autor d'*A nuvem do não-saber* pode ajudar-nos.

Ele indica-nos um modo de nos desprendermos do próprio eu que nos torna livres para o fundamento divino da nossa alma. A pessoa situa-se (assim o descreve ele com a sua imagem da nuvem) entre a nuvem do não-saber, que está por cima, e a nuvem do esquecimento, que está por baixo. Deve enviar para debaixo da nuvem do esquecimento muitos pensamentos e sentimentos, paixões e emoções, para poder penetrar com seu espírito na nuvem do não-saber, que o autor também chama nuvem de escuridão. Assim se aproxima da noite escura de João da Cruz, na qual também se trata de abandonar as próprias representações, sentimentos e imagens para aguardar, na escuridão, o Deus totalmente outro. A seta amorosa do desejo deve trespassar a nuvem do não-saber que está entre nós e Deus. Mas também devemos suportar a nuvem. De Deus nós nada podemos saber. Ele está para além do nosso conhecimento. E, no entanto, Ele é o alvo do nosso desejo, e o princípio e o fim do nosso amor. Na prática contemplativa devemos abandonar todas as reflexões sobre Deus para as "cobrir com uma nuvem de esquecimento. Tu deves, pois, elevar-te mais alto, de forma resoluta, mas gozosa, por um impulso de amor devoto e gratificante, e assim deves tentar romper a escuridão que se encontra acima de ti. Fere essa espessa nuvem do não-saber com o dardo afiado de um amor anelante" (capítulo VI).

O autor d'*A nuvem do não-saber* reconhece a sua dívida para com a tradição mística do cristianismo. Ele recorre sobretudo aos escritos de Dionísio Aeropagita, que representa a assim chamada tradição "apofática". Considera que, acerca de Deus, nós sabemos mais o que Ele não é do que o que Ele é. Em muitos aspectos, o autor inglês apresenta paralelos com Evágrio Pôntico, o autor mais importante do monaquismo cristão primitivo. No seu livro sobre a oração, Evágrio escreve que, no caminho para Deus, o monge encontra, antes de mais, os seus próprios pensamentos e sentimentos. Deve, pois, abandonar a sua ira e as suas preocupações. Então surgirão pensamentos sobre Deus. Mas também a eles deve renunciar. Pois enquanto reflectir sobre Deus, não se aproximará d'Ele. Então surgirão imagens de Deus que impelem o seu espírito para Ele. Mas também não deve ficar com essas imagens. Sobretudo não as deve confundir com o próprio Deus. Pois Deus está para além das imagens.

O autor d'*A nuvem do não-saber* descreve o caminho espiritual de maneira semelhante. Ele conhece o caminho da vida activa e o caminho da vida contemplativa. E no caminho da vida contemplativa distingue dois graus: um é a oração de meditação, que se refere à história de Jesus, ao seu nascimento, à sua paixão e morte na cruz e às suas palavras; outro é o caminho que ele recomenda: o caminho da pura entrega a Deus, sem pensamentos nem sentimentos. Todavia, o autor entende que não devemos saltar por cima dos dois caminhos anteriores. Devemos meditar sempre de novo nas palavras e nos actos de Jesus, para suscitar em nós o amor a Jesus Cristo e a Deus. Mas não devemos ficar nas meditações. O caminho que ele quer recomendar é o caminho da pura entrega a Deus. E nisto, para ele, o amor está no centro. Não se trata de reflectir sobre Deus e meditar sobre Ele, mas de se entregar completamente a Ele no amor, para ser um com Ele.

O autor dá indicações concretas acerca do modo como podemos trilhar este caminho da contemplação. Não devemos reflectir muito, mas entrar em contacto com o desejo amoroso, que está em nós. O próprio Deus colocou no fundo do nosso coração este desejo que se orienta para Ele: "E, assim, graciosamente acendeu o teu desejo e lhe atou a corda de uma ânsia, com a qual te guiou para um estado e forma de vida especial, a fim de que fosses seu servo entre os seus especiais servos; e, nesse estado, tu podias aprender a arte de viver consagrado ao seu serviço de modo mais exclusivo e espiritual do que antes, quando estavas no grau de vida comum" (capítulo I). O pressuposto da vida contemplativa é, portanto, o chamamento de Deus, que nasce na alma. O próprio Deus desperta na pessoa o desejo que se orienta para Ele e para o caminho da vida contemplativa. A pessoa não deve trilhar esse caminho por ambição, mas como resposta ao chamamento de Deus. A resposta consiste em oferecer-se a Deus com o desejo: "Eleva o teu coração para Deus, com humilde impulso de amor, e busca-o a Ele mesmo, não aos seus dons. Além disso, detesta pensar noutra coisa que não seja Ele mesmo" (capítulo III).

A prática concreta de se oferecer a Deus com todo o desejo consiste na disposição de estar plenamente no momento presente. Agora, neste momento, Deus está presente. Por isso, trata-se, agora, de estar neste "mesmo instante" e aí encontrar a Deus. Assim, a prática realiza-se nisto: ligar a respiração a duas curtas palavras. Uma das palavras é "pecado". Não se trata aqui nem de pensar em pecados isolados, nem de gravitar continuamente à volta dos pecados de outrora, para deles me arrepender. Aquilo a que a palavra "pecado" se refere é antes um estado de alienação. Esta palavra deve despertar no meu coração o desejo do Deus-amor. Nesta palavra encontro-me a mim mesmo, no meu fechamento, e no meu desejo de me abrir ao amor de Deus. A outra palavra, que sempre devo dizer, sem reflectir acerca d'Ela, é "Deus". Nesta palavra devo colocar todo o meu desejo. Então, Deus preencherá cada vez mais o meu espírito. Tornar-me-ei um com Ele. Já não medito mais acerca d'Ele, nem tão-pouco reflicto sobre mim. Neste estado, já não sei se aquilo que eu fiz é bom ou mau. Deixo de andar à volta de mim mesmo. Deixo de fazer qualquer julgamento ou avaliação. Esqueço-me por completo de mim mesmo, porque Deus é tão fascinante, que prende a Si todo o meu pensamento, ao mesmo tempo que o ultrapassa. Este ser um, no amor, é a meta da contemplação. No amor, torno-me um com Deus. Ali me desprendo de tudo o que o meu ego pretende obter de Deus. Já não sei o que dizer sobre Ele. Não posso vangloriar-me da minha experiência. Só posso entregar-me completamente a ela, para, no abandono a Deus e esquecimento de mim mesmo, experimentar a máxima alegria, a qual, no entanto, permanece indescritível.

Numa linha diferente da que é seguida pela meditação Zen, o autor d'*A nuvem do não-saber* acentua que o amor é o centro do caminho espiritual. Não se trata de conhecer a Deus pelo pensamento, mas de se tornar um com Ele no amor. Por isso, a prática contemplativa consiste, em última análise, na entrega do amor. Assim, o autor adverte o amigo, a quem envia o seu tratado e a quem pretende iniciar na prática da contemplação: "...presta atenção ao trabalho de que falo e ao seu modo de actuar maravilhoso no interior da alma. De facto, concebido correctamente, ele não passa de um impulso súbito e como que imprevisto, que salta de repente para Deus, como uma centelha do carvão" (Capítulo IV). Certamente, aqui, o autor também tem em vista a nossa relação com o próximo. Está convencido de que esta entrega do amor não se limita a transformar-nos, mas também preenche com renovado amor as nossas relações com o próximo. Já não é necessário que nos obriguemos a amar. O amor brota de nós. E a transformação dos nossos corações através do amor tem um efeito salutar à nossa volta. Nós marcamos este mundo com o nosso modo de ser. Mesmo quando, inicialmente, nos distanciamos da responsabilidade pelas coisas deste mundo, para nos voltarmos inteiramente para Deus, a contemplação tem um efeito salutar que se estende a todo o universo. Pois a atmosfera que criamos à nossa volta espalha-se sempre mais, transforma este mundo e enche-o com o amor de Deus, que no mistério da Encarnação se tornou visível a todos nós.

O que mais me fascina n'*A nuvem do não-saber* é a prática concreta que o autor descreve com palavras simples. Ele respeita a tradição. Não quer afastar o amigo, a quem dirige a sua mensagem, nem da liturgia nem da leitura da Bíblia. Para se entregar à prática contemplativa, ele deve permanecer no seio da Igreja, escutar a sua mensagem e receber os sacramentos. Não há nenhum caminho à margem da Igreja ou fora dela, mas apenas no interior da Igreja. Por outro lado, fascina-me a sua liberdade relativamente a todos os méritos. O autor não descreve o típico caminho ascético em que, antes de mais, temos de nos sentir pecadores, para nos podermos converter a Deus. Mas pensa que Deus tanto chama os justos como os pecadores. Quando me aproximo de Deus na prática contemplativa, deixo de me perguntar a mim mesmo se sou pecador ou não. Todas as perguntas acerca dos méritos deixam de ter importância. Já nem sequer sei o que fiz. O passado já não conta. Estou apenas no momento presente. E isto, para mim, é um caminho de libertação.

Quando medito nesta mensagem para o nosso tempo, encontro nela duas ideias estimulantes. A primeira é que muitas pessoas, que andam numa busca espiritual, podem encontrar um caminho, na tradição cristã, que corresponda aos seus anseios mais profundos. Não é um caminho moralizante, nem ascético propriamente, mas o caminho místico de uma prática, que conduz cada vez mais ao amor e à liberdade. Este caminho tem muitas semelhanças com os caminhos místicos que hoje nos são oferecidos sobretudo pelas religiões orientais.

A segunda ideia estimulante diz respeito à obsessão com o próprio passado. Isto hoje não é só típico de alguns cristãos piedosos, que continuamente se acusam dos erros cometidos. Também está muito difundido em pessoas que tentam restaurar o passado mediante uma terapia. É sem dúvida útil que se faça uma revisão terapêutica da própria história. Mas muitas vezes, em conversas, apercebo-me de que alguns continuamente voltam ao seu passado, à procura de desculpas para o facto de que, neste momento, a sua vida é tão difícil, ou não é bem-sucedida. Nessa altura, é benéfico e salutar o impulso que nos faz entrar na presença de Deus, sem recalcar o passado. Quando sinto a presença de Deus e estou inteiramente presente a mim mesmo, esqueço-me de mim próprio, e de gravitar à minha volta e à volta do meu passado. Estou simplesmente no momento presente. E neste estar puro e simples, tudo é bom. É claro que o meu passado virá sempre ao de cima. Então não devo ignorá-lo, mas oferecê-lo a Deus, orientando para Ele o desejo que irrompeu em mim, por causa da história da minha vida. Então, apesar de todas as feridas que há em mim, sentirei o desejo de amor, que me retira do passado e me transporta para um mero estar presente. Entendo que este é um caminho terapêutico que a espiritualidade cristã nos pode oferecer. Podemos ler alguma coisa acerca deste caminho benéfico e salutar n'*A nuvem do não-saber*. E ao fazer essa leitura, ganhamos coragem para trilhar, com grande confiança, este caminho místico e terapêutico, este caminho do amor e do desejo, este caminho da liberdade interior. No fim deste caminho está a contemplação perfeita, que nunca alcançaremos totalmente, mas da qual receberemos sempre algum vislumbre, para sentir aquilo que nos espera junto de Deus por toda a eternidade: um amor que totalmente nos preenche, cura e liberta.

Münsterschwarzach, 27/12/2006

Apresentação

A nuvem do não-saber *é um tratado sobre contemplação que terá sido escrito pouco depois de 1390*[1].

Acerca do autor desta verdadeira obra-prima apenas se pode dizer com alguma segurança que terá sido um sacerdote oriundo do nordeste central de Inglaterra. Sustentar, além disso, que terá sido um monge cartuxo do Priorado de Beauvale, em Nottinghamshire[2], *é talvez ir longe demais.*

A este mesmo autor atribuem-se mais seis escritos, a saber: O livro dos conselhos particulares, Epístola sobre a oração, Epístola sobre a discrição, Teologia Mística *(uma tradução do* De Mystica Theologia, *de Pseudo-Dionísio Areopagita),* Benjamim *(uma tradução do* Benjamim Menor, *de Ricardo de São Vítor) e* O discernimento dos espíritos *(uma amálgama de dois sermões de São Bernardo*[3], *com vários acrescentos originais).*

*O destinatário d'*A nuvem do não-saber *é um jovem de vinte e quatro anos de idade, chamado por Deus à vida contemplativa*[4]. *A este principiante, ainda muito inexperiente, é recomendado que procu-*

---

1. Cf. CLARK, J.P.H. The Cloud of Unknowing: An Introduction. *Analecta Cartusiana*. Salzburg, 119: 4 (1995) 92.
2. Cf. WALSH, J. *The Cloud of Unknowing*. New York: Paulist Press, 1981, p. 8.
3. BERNARDO DE CLARAVAL. *Sermones de diversis*, 23-24: PL 183, 600-605.
4. Cf. capítulos I e IV. A maioria dos estudiosos supõe tratar-se de um personagem real.

re manter-se num estado de total ignorância acerca de Deus, para que possa unir-se a Ele exclusivamente pelo amor.

A expressão "nuvem do não-saber" designa esse estado de ignorância e faz lembrar a caligo ignorantiae[5] *de que fala Pseudo-Dionísio Areopagita. Contudo, seria um erro inferir daqui que o anónimo inglês se limita a expor a doutrina de uma única fonte, ainda que ele mesmo afirme no capítulo LXX do seu livro: "quem consultar as obras de Dionísio verificará que ele confirma claramente tudo o que eu digo, do princípio ao fim deste tratado".*

De facto, A nuvem do não-saber *foi redigida a partir de elementos muito diversos. E o seu autor foi capaz de escrever um tratado coerente, porque primeiro passou pelo crivo da experiência tudo o que leu e ouviu, e só depois é que apresentou o seu pensamento como resultado de uma vivência pessoal. É essa sem dúvida a razão pela qual este pequeno livro continua a exercer um enorme fascínio, de modo que ainda hoje inúmeros crentes o adoptam como um guia seguro para aprofundar a experiência de Deus na oração.*

---

5. Em grego, γνοφος της αγνωσιας, cf. PSEUDO-DIONÍSIO AREOPAGITA. *De Mystica Theologia*, 1,3: PG 3, 1001.

*Aqui começa um livro sobre contemplação,
que se chama A NUVEM DO NÃO-SABER,
em que a alma se une a Deus.*

Oração do prólogo[*]

Ó Deus, diante de Vós, todo o coração está patente, toda a vontade fala e nenhum segredo permanece oculto: suplico-Vos que purifiqueis as intenções do meu coração com o inefável dom da vossa graça, para que eu vos ame perfeitamente e dignamente Vos louve. Ámen.

---

[*] Esta oração é tradução da colecta da missa votiva *Ad postulandam gratiam Spiritus Sancti*.

Prólogo

Em nome do Pai e do Filho e do Espírito Santo.

Eis o que eu te ordeno e suplico – com a força e energia que só os laços de caridade suportam! – a ti, quem quer que sejas que vais ter este livro nas mãos, como propriedade tua ou bem a ti confiado, enquanto depositário, portador ou mutuário: tanto quanto depender da tua vontade e deliberação, não leias esta obra a ninguém, nem a transcrevas, nem dela fales, nem tão-pouco permitas a ninguém que a leia, transcreva ou dela fale, a não ser que se trate de pessoa que, em tua opinião, se determinou, com real vontade e total desejo, a seguir perfeitamente a Cristo; e isso não só na vida activa, mas igualmente nos altíssimos cumes da vida contemplativa, que a esses, por graça de Deus, também poderá chegar uma alma perfeita, já neste mundo, conquanto ainda habite em seu corpo mortal. E além do mais, tal pessoa seja alguém que, em tua opinião, já tenha feito por longo tempo, e continue a fazer, tudo o que está ao seu alcance para se tornar capaz da vida contemplativa, socorrendo-se, para isso, dos meios virtuosos da vida activa. De outra forma, não tirará nenhum proveito deste livro.

E para além de tudo isto, eu te ordeno e suplico, autorizado pela caridade: se uma tal pessoa ler esta obra, ou a transcrever, ou comentar, ou então se a ouvir ler ou comentar, manda-lhe (como eu te mando a ti) que gaste o tempo necessário para fazer essas coisas na íntegra. É que poderá encontrar-se algum assunto, no princípio ou no meio, que esteja ainda em suspenso e por explicar plenamente; mas a explicação, se não aparecer logo, será dada pouco depois, ou então no fim. Por isso, se alguém visse algum assunto isoladamente, com facilidade poderia ser induzido em erro, e a fim de evitar o erro tanto em ti como nos outros, peço-te, por caridade, que faças como te digo.

Quanto aos tagarelas carnais, os bajuladores e os detractores de si mesmos ou dos outros, os mexeriqueiros, os linguareiros e os que espalham boatos, e ainda toda a espécie de críticos, nunca eu desejei que vissem este livro. É que nunca tive a intenção de escrever esta obra para indivíduos desse jaez. Por isso, não os quero ver intrometidos nesta matéria – nem a eles, nem a quaisquer outros, letrados ou ignorantes, que não passem de curiosos! E digo isto, porque nem sequer a estes meros curiosos lhes aproveitará o conteúdo do meu livro, ainda que sejam homens excelentes, no plano da vida activa. Entretanto, uma excepção deve abrir-se para aqueles que, apesar de serem activos na forma de vida exterior, são tocados no seu íntimo pelas moções secretas do Espírito de Deus, insondável nos seus juízos. Tais homens não são como os puros contemplativos, mas dispõem-se às vezes, por acção da graça, a ter parte no supremo ápice do acto contemplativo. Ora, se esses lerem esta obra, deverão encontrar nela, pela graça de Deus, grande fonte de consolação.

Este livro divide-se em setenta e cinco capítulos. O último de todos dá instrução sobre alguns sinais que tornam possível aferir se a alma é ou não chamada por Deus a entregar-se ao trabalho da contemplação.

Meu amigo espiritual no Senhor, eu te rogo e suplico que consideres bem o itinerário da tua vocação e o modo como foste chamado. Dá graças a Deus de todo o coração, para que a sua graça te ajude a perseverar com firmeza no estado, grau e forma de vida que intencionalmente abraçaste. Possas tu resistir aos subtis ataques dos teus inimigos materiais e espirituais, e assim te seja permitido conquistar a coroa da vida eterna. Ámen.

~ Capítulo I ~

Dos quatro graus da vida cristã e do percurso vocacional daquele para quem se escreveu este livro.

Meu amigo espiritual no Senhor, desejo levar-te a compreender que existem, segundo o modo de ver grosseiro que é o meu, quatro graus ou tipos de vida cristã, a saber: comum, especial, singular e perfeito[1]. Três destes começam e acabam neste mundo; o quarto pode, por graça de Deus, começar aqui, mas durará para todo o sempre, na bem-aventurança celeste. E assim como tos apresento aqui por ordem, um após outro – primeiro o comum, depois o especial, em seguida o singular e finalmente o perfeito –, assim também me parece que, pela mesma ordem e sucessão, nosso Senhor, na sua infinita misericórdia, te chamou e conduziu a si, pelo desejo do teu coração.

Com efeito, tu vivias outrora no grau comum da vida cristã, na companhia dos teus amigos do mundo; mas já nessa altura, como sabes perfeitamente, eu julgava que o ser divino, no seu amor eterno (pelo qual te fez e plasmou do nada e te comprou com o preço do seu sangue precioso, quando estavas perdido em Adão), não ia tolerar que ficasses tão afastado dele, nessa forma e grau de vida. E, assim, graciosamente acendeu o teu desejo e lhe atou a corda de uma ânsia, com a qual te guiou para um estado e forma

---

[1]. Respectivamente: a vida no mundo, a vida religiosa, a vida solitária (isto é, eremítica ou semi-eremítica) e a bem-aventurança celeste, prelibada na contemplação.

de vida especial, a fim de que fosses seu servo entre os seus especiais servos; e, nesse estado, tu podias aprender a arte de viver consagrado ao seu serviço de modo mais exclusivo e espiritual do que antes, quando estavas no grau de vida comum. E que mais? Entretanto, parece que, ainda assim, Ele não te quis deixar facilmente, pelo amor do coração que sempre teve para contigo, desde a tua criação. E que fez Ele? Não vês com quanta doçura e graça te conduziu ao terceiro grau e tipo de vida, que se chama singular? Nessa vida solitária, é-te possível aprender a elevar o teu amor, e assim dar passos para aquele estado e grau de vida que é perfeito e o último de todos.

~ Capítulo II ~

Breve exortação à humildade e ao trabalho de que se trata neste livro.

E agora, débil miserável, ergue o teu olhar e repara no que és. Quem és tu, e quais os teus méritos, para o Senhor te haver chamado desse modo? Oh!, mísero coração sem energia, adormecido na preguiça, que te não acorda nem a atracção deste amor, nem a voz deste chamamento! Acautela-te, desgraçado, porque no tempo presente te espreita o Inimigo[2]. Nunca te julgues mais santo nem melhor, seja pelo valor da tua vocação, seja pela singular forma de vida que abraçaste. Considera-te, antes, mais desgraçado e maldito, se, com o auxílio da graça e da direcção espiritual, não fazes da melhor forma o que está ao teu alcance para viveres segundo a tua vocação. Devias ser tanto mais humilde e afectuoso para com o teu esposo espiritual, quanto é certo que Ele – o Deus todo-poderoso, Rei dos reis e Senhor dos senhores! – resolveu humilhar-se para descer ao teu nível, graciosamente te quis escolher dentre as ovelhas do seu rebanho, para seres um dos seus amigos especiais, e a seguir te colocou num lugar de pastagem, para aí seres alimentado com a doçura do seu amor, como prelúdio da tua herança: o reino do Céu.

Continua, pois, eu te rogo, continua com toda a rapidez. Olha agora para diante e deixa o que está para trás. Vê o que te falta ainda e não o que já tens, pois essa é a melhor maneira de adquirir e conservar a humildade. A partir de

---

2. O Demónio.

agora, toda a tua vida deve ser, por completo, um desejo, pois só assim poderás crescer na perfeição. Tal desejo, por seu turno, deve ser sempre despertado na tua vontade, pela mão de Deus todo-poderoso, aliada ao teu consentimento. Uma coisa, entretanto, te afirmo: Deus é um amante ciumento, que não tolera rivalidades, e não quererá actuar na tua vontade, se não estiver a sós contigo. Ele não busca nenhuma ajuda, só te busca a ti mesmo. Toda a sua vontade é que te limites a olhá-Lo e O deixes agir sozinho. Guarda as janelas e a porta contra a invasão das moscas e o assalto dos inimigos[3]. E se te dispuseres a fazer isso, só terás de O invocar com insistência humilde na oração, que logo Ele virá em teu auxílio. Insiste, pois; mostra as tuas disposições. Ele está mais que pronto e apenas te aguarda. Mas que hás-de fazer tu e como hás-de insistir?

---

[3]. As janelas e a porta são os sentidos corporais.

~ Capítulo III ~

Como se há-de executar o trabalho de que se trata neste livro, e do valor mais excelente desse mesmo trabalho por relação a todas as outras actividades.

Eleva o teu coração para Deus, com humilde impulso de amor, e busca-O a Ele mesmo, não aos seus dons. Além disso, detesta pensar noutra coisa que não seja Ele mesmo. Deste modo, nada actue na tua inteligência, nem na tua vontade, senão o próprio Deus. Faz também por esquecer todas as coisas criadas, bem como as suas obras, de modo que nem o teu pensamento nem o teu desejo se dirijam ou estendam para elas, tanto em geral como em particular. Deves, pois, deixá-las de lado e não lhes prestar atenção.

É este, na verdade, o trabalho da alma que mais agrada a Deus, e no qual se regozijam todos os anjos e santos, que se dão pressa em coadjuvá-lo com todo o seu poder. Já os demónios ficam furiosos e tentam derrotá-lo a todo o custo. Por outro lado, os que vivem na Terra são maravilhosamente auxiliados por este mesmo trabalho, sem que tu saibas como. Sim, as próprias almas do Purgatório, por meio dele, recebem alívio para a sua dor. A ti mesmo, enfim, nenhuma outra actividade te purifica tanto, nem te faz mais virtuoso. E, todavia, o trabalho a que me refiro é o mais fácil de todos e aquele que se executa com mais presteza, quando a alma é auxiliada pela graça, no seu anelo consciente. Noutras condições, entretanto, essa mesma tarefa revela-se dura, e só por milagre a poderias realizar.

Não desfaleças, pois, mas esforça-te até que sintas um anelo. Porque, ao executares pela primeira vez o trabalho de que falo, só encontras escuridão e como que uma nuvem de desconhecimento, e nada mais sabes senão que sentes na vontade uma intenção nua, voltada para Deus[4]. Ora, tal escuridão e tal nuvem permanecerão entre ti e Deus, faças o que fizeres, e não deixarão que O vejas claramente, à luz do entendimento, no plano da razão, nem que O sintas em doçura de amor, no santuário do teu afecto. Por conseguinte, dispõe-te a permanecer na escuridão o mais que puderes, clamando sempre por Aquele que amas. É que, se alguma vez O houveres de sentir ou ver, na medida do possível neste mundo, tal só deverá acontecer nesta nuvem e nesta escuridão. Contudo, se te propuseres trabalhar afanosamente, como te digo, tenho confiança de que lá chegarás realmente, pela misericórdia do Senhor.

---

4. A intenção é um acto da vontade: neste caso, o acto pelo qual a vontade tende para Deus mesmo. Diz-se "nua", porque despojada de todas as imagens e conceitos que a possam determinar.

Capítulo IV

Da brevidade do trabalho referido e da impossibilidade de alguém se elevar até ele, quer pela curiosidade intelectual quer pelo exercício da imaginação.

Entretanto, para que não cometas erros nesta prática, nem a consideres diferente do que é, falar-te-ei um pouco mais acerca dela, tal como a vejo.

O trabalho a que me refiro não exige longo tempo para se executar, ao contrário do que pensam alguns, pois é o mais breve de todos os trabalhos que se possam imaginar. Não é mais lento nem mais rápido que um átomo, o qual, segundo a definição dos verdadeiros filósofos versados em Astronomia, é a menor unidade de tempo[5]. Tão pequeno é o átomo, na verdade, que por causa da sua pequenez, é indivisível e quase incompreensível. Ora, acerca desta unidade de tempo é que está escrito: "De todo o tempo que te foi dado se perguntará como foi que o despendeste"[6]. E é perfeitamente razoável que assim tenhas de prestar contas, porquanto o átomo não é mais longo nem mais curto, mas antes corresponde exactamente a uma só moção da vontade, a principal faculdade activa da

---

5. Na Idade Média, o átomo equivalia a 15/94 do nosso segundo.

6. Cf. ANSELMO DE AOSTA. *Meditationes*, 2: PL 158,723, "...quid respondebis in illa die, cum exigetur a te usque ad ictum oculi, omne tempus vivendi tibi impensum, qualiter fuerit a te expensum?" (...que responderás naquele dia, quando te forem pedidas contas, até à simples duração de um pestanejo, de como gastaste todo o tempo que te foi dado viver?)

alma[7]. Com efeito, na tua vontade podem existir, pelo espaço de uma hora – e existem realmente! –, nada mais nada menos que tantas volições ou desejos quantos são os átomos da hora. E se tu fosses restaurado pela graça e tornado conforme ao estado primeiro da alma humana, como ela era antes do pecado, nunca deixarias de ter, com o auxílio da mesma graça, o domínio de tais moções. Assim nenhuma delas se desviaria, mas tenderiam todas para o alvo supremo de todo o desejo e a meta mais alta de todo o querer, que não é senão Deus mesmo.

Com efeito, Deus adapta-se à nossa alma, limitando a sua divindade, e a nossa alma adapta-se também a Deus, pela dignidade da nossa criação à sua imagem e semelhança. Deus por si mesmo, só Ele e mais ninguém, é suficiente em plenitude – e até bem mais do que isso! – para satisfazer a vontade e o desejo da nossa alma. Por outro lado, a nossa alma, em virtude da graça reformadora a que aludi, torna-se perfeitamente capaz de compreender na totalidade, pelo amor, Aquele que em si mesmo é inacessível às faculdades cognitivas do homem e do anjo. (Reporto-me, evidentemente, ao acto de conhecer de ambos, e não ao seu acto de amar, por isso é que, neste caso, só faço menção das faculdades cognitivas.)

Senão, repara bem: toda a criatura racional, angélica ou humana, contém em si duas faculdades activas principais: uma que se chama a faculdade de conhecer e outra que se denomina a faculdade de amar. Em relação à primeira destas faculdades, Deus, criador de ambas, é sempre incompreensível; já relativamente à segunda, a faculdade de amar, Deus é plenamente compreensível no seu todo, ainda que diversamente em cada um. Tanto assim que uma só alma que ama deverá compreender em si mesma, em virtu-

---

7. O autor trata das faculdades da alma do capítulo LXIII ao LXVI.

de do seu amor, Aquele que é, de modo incomparável, bem mais do que suficiente para preencher todas as almas e todos os anjos que algum dia venham a existir. É este o eterno e maravilhoso milagre do amor, que jamais terá fim, pois Deus, que o realiza, jamais deixará de o realizar. Assim, quem tiver olhos, por dom da graça, que veja, pois sentir tudo isto é bem-aventurança eterna, e o contrário, dor sem fim.

Quem fosse, pois, reformado pela graça, de modo a vigiar continuamente sobre as moções da vontade, assim como não deixaria de sentir essas moções da natureza, também não deixaria de provar, já nesta vida, alguma coisa da doçura infinita, para depois se alimentar dela plenamente, na bem-aventurança celeste. Por isso, não te admires de eu te exortar a pôr mãos à obra. Como verás mais adiante, isto de que te falo é o trabalho em que o homem teria prosseguido, se nunca tivesse pecado: para essa actividade é que o ser humano foi criado, e para ele todas as coisas foram feitas com vista a ajudá-lo a progredir nessa mesma actividade, pela qual será novamente restaurado. Se, pois, o homem falha nesta missão, cada vez mais se afoga no pecado e continuamente se afasta de Deus, mas se persevera na execução permanente e exclusiva do trabalho que lhe é próprio, ergue-se do pecado e aproxima-se cada vez mais de Deus.

Por conseguinte, presta muita atenção ao tempo, ao modo como o despendes, pois nada é mais precioso do que o tempo. Num só momento, por breve que seja, pode-se ganhar ou perder o Céu. Um sinal da preciosidade do tempo é este: Deus, que o administra, não concede dois momentos de cada vez, mas um após outro. E Deus faz isto, porque não quer inverter a ordem ou curso normal da causalidade na criação, pois o tempo existe para o homem, e não o homem para o tempo. Portanto, Deus, que governa a natureza, não quer, ao dispensar o tempo, antecipar-se à moção natural da alma humana, moção essa que é coincidente com um só momento de cada vez. De sorte que o homem não terá desculpa contra Deus, no dia do juízo, dizendo, ao prestar contas do modo como gastou o tempo: "Tu concedes dois momentos em simultâneo, e eu tenho uma só moção de cada vez".

Mas com dor exclamarás agora: "Que hei-de fazer? Se é verdade o que dizes, de que modo hei-de prestar contas de cada momento isolado, eu que, tendo vinte e quatro anos de idade, nunca até hoje dei atenção ao tempo? Se eu quisesse agora emendar tal estado de coisas, sabes bem, atendendo às tuas próprias palavras, que iria contra o curso da natureza ou da graça comum isto de eu tornar alvo de atenção ou objecto de acções reparadoras outros momentos que não os futuros. Sim, e além do mais estou bem ciente, por provas dadas, que de futuro nunca serei capaz de atender a um só momento em cem, quer por fragilidade quer por lentidão de espírito. Eis, pois, que me vejo cativo destes raciocínios. Ajuda-me depressa, por amor de Jesus!"

Muitíssimo bem dizes tu: "por amor de Jesus". Porque no amor de Jesus encontrarás o teu auxílio. O amor é um poder tal que torna comuns todas coisas. Ama, por isso, a Jesus, e tudo o que é d'Ele será teu. Ele, pela sua divindade, é o criador e doador do tempo. Ele, pela sua humanidade, é o verdadeiro guarda do tempo. E Ele ainda, pela sua divindade e humanidade conjuntas, é o autentíssimo Juiz que pede contas de todo o dispêndio de tempo. Liga-te, portanto, a Ele, pelo amor e pela fé, e em virtude desse laço terás parte com Ele e com todos aqueles que Lhe estão ligados pelo amor, ou seja: Santa Maria, Nossa Senhora, que foi a cheia de graça, quando guardava o tempo[8], os anjos do Céu, que não podem nunca perder tempo, e todos os

---

8. Cf. Lc 1,28.38.

santos do Céu e da Terra, que, pela graça de Jesus, tomam atenção ao tempo, com plena justeza, em virtude do amor.

Aí tens onde achar conforto: compreende bem e tira algum proveito. Mas de uma coisa te previno acima de tudo: não vejo que alguém possa reivindicar autêntica comunhão com Jesus e sua Mãe Santíssima, com os altos anjos e também com os santos, se não for pessoa que, auxiliada pela graça, faça tudo quanto dela dependa para estar de guarda ao tempo. Terá de mostrar, efectivamente, que também com a sua parcela exígua contribui para a comunhão, ao lado de cada um dos outros.

Por conseguinte, presta atenção ao trabalho de que falo e ao seu modo de actuar maravilhoso no interior da alma. De facto, concebido correctamente, ele não passa de um impulso súbito e como que imprevisto, que salta de repente para Deus, como uma centelha do carvão. E é maravilhoso observar a quantidade de impulsos que se podem operar numa só hora, na alma que se dispõe para tal trabalho. Numa única moção destas poderá esquecer todas as coisas criadas, súbita e perfeitamente. Mas depressa, depois de cada impulso, por causa da corrupção da carne, recai novamente em algum pensamento ou na lembrança de qualquer acção feita ou por fazer. Que importa, no entanto? Logo de novo se ergue, tão subitamente como antes.

Isto permite não só compreender rapidamente como se realiza a prática que venho expondo, mas também ficar a saber claramente que tal prática se situa muito para além de qualquer fantasia, imaginação falsa ou opinião exótica, as quais provêm, não de um cego impulso de amor, devoto e humilde, mas de uma inteligência soberba, curiosa e imaginativa. Uma tal inteligência cheia de orgulho e curiosidade sempre terá de ser derrubada e com dureza calcada aos pés, caso se pretenda conceber em pureza de espírito o trabalho a que me refiro.

Na verdade, se alguém, ouvindo falar deste trabalho, considerar que se pode ou deve chegar a ele por um esforço intelectual (falo de alguém que, sentando-se, busque na própria inteligência o modo de realizar o trabalho a que me refiro e, na sua curiosidade, force a imaginação, talvez contra a natureza, inventando uma prática que não é corporal nem espiritual), verdadeiramente tal homem, seja quem for, estará enganado e correrá perigo. Tanto assim que, se Deus, na sua grande bondade, não realizar um milagre misericordioso, que o faça parar e submeter-se humildemente ao conselho de operários experimentados, acabará por cair em frenesis, ou então nos malefícios graves de pecados espirituais e ilusões diabólicas, arriscando-se a perder, com facilidade e para sempre, tanto a vida como a alma. Assim, por amor de Deus, tem cuidado e não canses de maneira nenhuma nem a inteligência nem a imaginação! É que em verdade te digo: não chegarás lá forçando-as. Por isso, deixa-as de lado e não trabalhes com elas!

E não julgues que, por eu falar em escuridão ou nuvem, me refiro a uma nuvem formada por vapores que flutuam no ar, ou a trevas como as que enchem a tua casa de noite, depois de apagares a luz. Com a curiosidade intelectual, poderás imaginar nuvens e trevas, que tragas diante dos olhos no mais claro dia de verão; assim como, inversamente, também poderás imaginar uma luz clara e brilhante, na mais negra noite de inverno. Deixa, porém, tais falsidades. Não é isso o que eu pretendo significar. Quando falo de escuridão, quero dizer falta de conhecimento, exactamente como tu, ao falares de alguma coisa que não sabes ou esqueceste, afirmas que é escura para ti, por não a veres com os teus olhos espirituais. E por esta razão é que não se chama nuvem do ar, mas antes nuvem do não-saber, àquilo que se encontra entre ti e o teu Deus.

⁕ Capítulo V ⁕

Durante o trabalho referido, todas as criaturas do passado, presente e futuro, bem como todas as obras dessas mesmas criaturas, devem ocultar-se sob a nuvem do esquecimento.

Mas se chegares a esta nuvem do não-saber, para aí ficares a trabalhar como te digo, que hás-de fazer? Assim como tal nuvem se encontra em cima, entre ti e o teu Deus, assim deves colocar em baixo uma nuvem de esquecimento, entre ti e todos os seres criados. Talvez penses que estás muito longe de Deus, porque a nuvem do desconhecimento se encontra entre ti e o teu Deus; no entanto, bem vistas as coisas, com certeza te encontras bem mais afastado d'Ele, quando não há nenhuma nuvem de esquecimento entre ti e todos os seres criados. Quando digo "todos os seres criados", refiro-me não só às próprias criaturas, mas também a todas as suas obras e propriedades. Não excluo nenhuma criatura, quer seja material ou espiritual, como também não excluo nenhuma propriedade ou obra das criaturas, quer sejam boas ou más. Numa palavra, todas as coisas se devem ocultar sob a nuvem do esquecimento.

De facto, embora às vezes seja muito útil pensar em determinadas propriedades e certos actos de algumas criaturas em especial, todavia isso de pouco ou nada vale para o trabalho de que falo aqui. Porque trazer na memória[9] ou

---

9. Neste passo, o autor emprega pela primeira vez o termo *mind*, que traduziremos por "mente", "memória", "lembrança" ou "recordação". Em inglês medieval, a palavra *mind* tem uma grande amplitude de significado: à

no pensamento alguma criatura que Deus tenha feito, ou ainda qualquer uma das suas acções, constitui uma espécie de luz espiritual: para ela se abrem os olhos da alma, que até mesmo a fixam, como fazem os olhos do archeiro em relação ao alvo para que dispara. E uma coisa te digo: tudo aquilo em que pensas está por cima de ti, no momento de o pensares, interpondo-se entre ti e o teu Deus, e assim tu estás longe d'Ele na mesma proporção em que houver na tua mente alguma coisa mais para além d'Ele.

Sim!, e se tanto for possível afirmar com reverência, direi que para o trabalho em questão de pouco ou nada adianta chamar ao pensamento a bondade ou a dignidade de Deus, Nossa Senhora, os santos, os anjos do Céu, ou ainda as alegrias celestes; melhor dizendo, não interessa que prestes especial atenção a tudo isso, como se quisesses nutrir e intensificar assim o teu propósito. Creio que, no caso do nosso trabalho, jamais alcançarias tal efeito. Porque, embora seja bom pensar na bondade de Deus, e amá-lo e louvá-lo por essa mesma bondade, é contudo muito melhor pensar no próprio ser nu de Deus[10], e amá-Lo e louvá-Lo por Ele mesmo.

---

semelhança de *memoria*, em Santo Agostinho, designa simultaneamente a faculdade ou o acto de recordar e a faculdade ou o acto de estar consciente de alguém ou alguma coisa. Por conseguinte, o contemplativo deve procurar libertar-se da lembrança ou consciência das criaturas, para se ficar apenas com a *memoria Dei* (*mind of God*).

10. O ser nu de Deus é a sua essência despojada de toda a sobreposição de imagens e conceitos.

Capítulo VI

Breve ideia do trabalho sobre que versa o presente livro.

Mas agora perguntar-me-ás, dizendo: "Como hei-de pensar n'Ele mesmo, e Ele o que é?" E a isto eu não posso responder senão: "Não sei".

É que tu fizeste-me entrar, com a tua pergunta, naquela mesma escuridão, naquela mesma nuvem do não-saber, onde eu desejava que tu próprio estivesses. Com efeito, tratando-se das criaturas e suas obras – sim, e até das obras do próprio Deus! –, pode um homem, através da graça, atingir a plenitude do conhecimento, e é bem capaz de pensar nessas realidades; todavia, em Deus mesmo, nenhum ser humano pode pensar. Portanto, eu desejo abandonar tudo o que posso pensar, e escolher para objecto de meu amor exactamente o que não posso pensar. Porque Deus pode muito bem ser amado, mas não pensado. Pelo amor Ele pode ser apanhado e retido; mas já pelo pensamento, não, nunca. E, assim, embora às vezes seja bom pensar de modo especial na bondade e dignidade de Deus, sendo tal meditação uma luz que faz parte da contemplação, todavia, no trabalho a que me refiro, tudo isso se deve rejeitar e cobrir com uma nuvem de esquecimento. Tu deves, pois, elevar-te mais alto, de forma resoluta, mas gozosa, por um impulso de amor devoto e gratificante, e assim deves tentar romper a escuridão que se encontra acima de ti. Fere essa espessa nuvem do não-saber com o dardo afiado de um amor anelante, e não desistas, aconteça o que acontecer.

※ *Capítulo VII* ※

De como, neste trabalho, a pessoa se há-de haver contra todos os pensamentos, especialmente os que provêm da curiosidade intelectual e científica.

Se algum pensamento surgir e quiser à viva força introduzir-se por cima de ti, entre ti e a escuridão de que falei, e assim te dirigir a pergunta: "Que buscas? Que desejas?", responde que era a Deus que desejavas ter: "É só a Ele que eu cobiço, é só a Ele que busco e nada mais senão Ele". E se te perguntar quem é esse Deus, responde que é o Deus que te criou e redimiu, e por sua graça te chamou ao seu amor. Insiste que acerca d'Ele tu nada sabes. Por isso, ordena ao pensamento: "Vai-te para baixo novamente!", e apressa-te a pisá-lo com um impulso de amor, embora ele te pareça muito santo e até dê a impressão de que te ajudaria na procura de Deus.

É que ele talvez te faça vir à mente diversos exemplos da bondade divina, belos e maravilhosos, asseverando que Deus não é senão doçura, amor, graça e misericórdia. E se lhe deres ouvidos, não quererá mais nada: passará a tagarelar cada vez mais, até que te faça descer à memória da Paixão. Aí ele te fará ver a maravilhosa bondade de Deus e, se continuares a escutá-lo, é quanto basta: imediatamente te mostrará a vida miserável que levavas outrora, e porventura, ao veres tal coisa e pensares nela, logo te virá à mente algum lugar em que habitaste noutro tempo. De sorte que, por fim, sem te dares conta, já te acharás com o espírito disperso nem sabes por onde. E a causa desta dispersão é que primeiro escutaste de bom grado o pensamento, e a seguir deste-lhe resposta, acolhimento e rédea solta.

Contudo, apesar disso, o que dizia o pensamento era bom e santo. Sim, tão santo que, se alguém pretender chegar à contemplação sem antes passar muitas vezes por doces meditações sobre a própria miséria, sobre a Paixão, sobre a bondade, a grande benevolência e a dignidade de Deus, cometerá certamente um erro e falhará no seu propósito. Mesmo assim, no entanto, também a pessoa que se tiver exercitado longamente nestas meditações deverá abandoná-las e mantê-las afastadas muito lá no fundo, debaixo da nuvem do esquecimento, se alguma vez quiser furar a nuvem do não-saber que se acha entre ela e o seu Deus.

Por isso, todas as vezes que te dispuseres para este trabalho e, tocado pela graça, sentires que Deus te chama, eleva o teu coração para Ele, com humilde impulso de amor. Busca o Deus que te criou e redimiu, e por sua graça te chamou a este trabalho, e não admitas nenhum outro pensamento acerca d'Ele. Aliás, conserva este mínimo admissível apenas se assim quiseres, pois basta uma intenção nua, voltada directamente para Deus, sem nenhuma outra causa além d'Ele.

E se quiseres envolver e encerrar esta intenção num só vocábulo, para melhor a reteres, escolhe uma palavra que seja curta e tenha apenas uma sílaba: um monossílabo é melhor do que um dissílabo, pois quanto mais curta a palavra, melhor concorda com o trabalho do espírito. Pode ser a palavra "Deus" ou "amor"[11]. Escolhe a que preferires destas duas, ou então uma outra que tu queiras: selecciona, pois, o monossílabo que mais te agradar. E prende esta palavra ao coração, de modo que nunca dali se afaste, aconteça o que acontecer.

---

11. O termo inglês *love* é um monossílabo.

Tal palavra há-de ser o teu escudo e a tua lança, tanto na paz como na guerra. Com ela hás-de fustigar a nuvem e a escuridão que se acham por cima de ti. Com ela hás-de abater toda a espécie de pensamentos, sob a nuvem do esquecimento. Deste modo, se algum deles fizer pressão sobre ti e te perguntar que desejas, não respondas senão com esta única palavra. E se ele te oferecer a sua grande erudição para a explicar e dizer as propriedades que ela tem, responde que a queres guardar inteira, e não partida nem desfeita. Se te mantiveres firme neste propósito, podes ter a certeza de que o pensamento não resistirá tempo nenhum. E por quê? Porque o não deixarás alimentar-se das doces meditações a que se fez alusão anteriormente.

Capítulo VIII

Explicação de algumas dúvidas: advoga-se a supressão da curiosidade intelectual e científica, e distinguem-se os vários graus e diferentes partes da vida activa e da vida contemplativa.

Mas agora tu perguntarás: "Que vem a ser ele, esse que faz pressão sobre mim, no decurso do tal trabalho? Trata-se de algo bom ou mau? Se é mau", dirás tu, "admira-me que faça crescer tanto a devoção de um homem. É que às vezes parece-me encontrar grande consolação em ouvir as suas histórias, pois ele faz-me chorar amargamente, condoído com a Paixão de Cristo, ou desgostoso com a minha miséria, ou comovido por várias outras razões, que considero muito santas e me fazem imenso bem. Por isso, entendo que ele não há-de ser mau de modo nenhum. E se é realmente bom e, além disso, me faz tão bem com suas doces histórias, muito me admira que precise de o derrubar e afastar para tão longe, sob a nuvem do esquecimento."

Ora, sem dúvida que me parece bem apresentada a questão, e por isso tenciono responder o melhor que puder, dentro dos limites da minha fraqueza. Primeiramente, se tu me perguntas que vem a ser ele, esse que faz tamanha pressão sobre ti, no decurso do tal trabalho, oferecendo ajuda, respondo que é o acto de ver, penetrante e claro, da inteligência natural, que se acha impresso na razão, no íntimo da tua alma. E se me perguntas se é bom ou mau, digo que tem sempre e necessariamente que ser bom na sua natureza, pois que é um raio da semelhança de Deus. Todavia, o uso que dele se faz é que pode ser bom ou mau. É bom, quando a graça o torna um uso aberto, para veres a tua própria miséria, a Paixão, a bondade de Deus e tudo o que Ele opera maravilhosamente nas suas criaturas materiais e espirituais. Em tais circunstâncias, não admira que faça crescer tanto a tua devoção, como disseste. No entanto, o uso é mau, quando se torna inchado pela soberba e as especulações da erudição e do saber livresco, tal como se dá com certos clérigos que procuram chegar à fama, não de estudiosos humildes e mestres em teologia e devoção, mas de discípulos orgulhosos do Demónio e mestres em vaidade e mentiras. Finalmente, em todos os outros, quem quer que sejam, religiosos ou seculares, o uso ou exercício da inteligência natural é mau, quando se torna inchado com soberbas argumentações acerca de assuntos mundanos e ideias carnais, denotando assim uma grande cobiça de honras terrenas, riquezas, vãos prazeres e lisonjas.

Mas, entretanto, tu fazes-me a pergunta sobre qual a razão por que hás-de atirar para debaixo da nuvem do esquecimento o acto de ver da inteligência, uma vez que ele é bom na sua natureza e, além disso, quando bem usado, faz tão bem e aumenta a devoção tão grandemente. Ora, a essa objecção dou a seguinte resposta: É necessário compreenderes bem que existem duas formas de vida na Santa Igreja: uma é a vida activa, e outra é a vida contemplativa. Aquela é a inferior, e esta é a superior. Cada uma delas, por sua vez, tem dois graus, um superior e outro inferior. Além disso, estas duas vidas estão ligadas de tal modo entre si que, embora sejam em parte diferentes, nenhuma delas pode existir plenamente sem abranger uma parte da outra, visto que a parte superior da vida activa é a parte inferior da vida contemplativa. De modo que nenhum homem pode ser plenamente activo, se não for em parte contemplativo, e, inversamente, também não pode ser plenamente contemplativo (pelo menos quanto é possível na Terra!), se não for em parte activo. É condição da vida activa começar e terminar neste mundo. Não assim, porém, a vida contemplativa: esta começa no mundo presente, mas durará para toda a eternidade, visto que a parte que Maria escolheu nunca lhe será tirada. A vida activa anda inquieta e preocupada com muitas coisas, mas a contemplativa senta-se em paz com uma só[12].

A parte inferior da vida activa mantém-se de pé na prática das obras corporais de misericórdia[13] e caridade, boas e honestas. A parte superior da vida activa, que é também a inferior da vida contemplativa, está deitada, absorvida em meditações espirituais salutares, durante as quais o ser humano se ocupa de olhar atentamente para diferentes realidades: primeiro, para a sua própria miséria, com tristeza e contrição; depois, para a Paixão de Cristo e dos seus servos, com piedade e compaixão, e, finalmente, para os maravilhosos dons de Deus, a sua bondade e tudo o que Ele opera nas criaturas materiais e espirituais – neste caso, com acções de graças e louvores. Por último e em contrapartida, a parte mais elevada da contemplação (tanto quanto se pode experimentar na Terra!) está suspensa inteiramente na escuridão e na nuvem do não-saber, permanecendo ali com um impulso amoroso e um olhar cego, dirigidos para o ser nu de Deus, e nada mais senão só Ele.

Na parte inferior da vida activa, o homem está fora e abaixo de si próprio. Na parte superior da vida activa e inferior da vida contemplativa, o homem está dentro e em nível de si próprio. Mas, na parte superior da vida contemplativa, o homem está acima de si próprio e abaixo de

---

12. Cf. Lc 10,38-42, que o autor comenta do capítulo XVII ao XXII.

13. As obras corporais de misericórdia são sete: dar de comer a quem tem fome, dar de beber a quem tem sede, vestir os nus, dar pousada aos peregrinos, assistir os enfermos, visitar os presos e enterrar os mortos.

Deus. Está acima de si próprio, porque se propõe ganhar pela graça o que não pode alcançar pela natureza, ou seja: estar ligado a Deus em espírito, numa união de amor e num acordo de vontades.

Exactamente como é impossível conceber que alguém chegue à parte superior da vida activa, sem deixar temporariamente o grau inferior da mesma, assim também acontece que ninguém chegará à parte superior da vida contemplativa sem deixar temporariamente o grau inferior também desta última. Assim, para quem se sentasse a fazer meditação, seria uma coisa ilícita e um obstáculo prestar atenção às obras materiais exteriores, praticadas ou por praticar, ainda que fossem as mais santas em si mesmas. Mas, para quem houvesse de trabalhar na escuridão e na nuvem do não-saber, com afectuoso impulso de amor dirigido só a Deus por Ele mesmo, também seria uma coisa imprópria e um obstáculo permitir que qualquer meditação se lhe erguesse acima da cabeça, para se intrometer à força entre ele próprio e Deus, ainda que tais pensamentos (sobre os maravilhosos dons de Deus, a sua bondade e tudo o que Ele opera nas suas criaturas materiais ou espirituais) fossem os mais santos, os mais agradáveis e os mais consoladores.

Por essa razão é que te peço que abandones os finos pensamentos subtis e os cubras com uma espessa nuvem de esquecimento, por mais santos que eles sejam, ou por mais que prometam ajudar-te no teu propósito. Porque, nesta vida, é só o amor que chega até Deus, e não o conhecimento. Durante o tempo que a alma habita neste corpo mortal, sempre a penetração do nosso entendimento para ver as coisas espirituais, muito especialmente Deus, está misturada com alguma espécie de fantasia. Por isso, a nossa actividade intelectual é forçosamente impura e só a título excepcional é que deixaria de nos induzir em muitos erros.

Capítulo IX

Durante o trabalho referido, é mais um obstáculo que uma ajuda a lembrança da criatura mais santa que algum dia saiu das mãos de Deus.

Por conseguinte, terá sempre de ser eliminada a actividade penetrante do entendimento, que nunca deixará de fazer pressão sobre ti, no momento de te aplicares ao trabalho cego de que falo. E se tu a não eliminares, serás eliminado por ela. Tanto assim que, ao julgares que permaneces em perfeita escuridão e que não existe na tua mente nada mais senão só Deus, se bem reparares, verificarás que a tua mente não está ocupada em nenhuma escuridão, mas antes na visão clara de alguma coisa inferior a Deus. E se assim é, não há dúvida de que essa dita coisa se acha por cima de ti no momento de a veres, interposta entre ti e o teu Deus. Por isso, propõe-te depor tais visões claras, por mais santas que sejam, ou agradáveis.

É que uma coisa te digo: aproveita mais à saúde da alma, é mais digno em si mesmo, e agrada mais tanto a Deus como aos anjos e santos do Céu – sim, além disso, é mais útil aos teus amigos naturais e espirituais, vivos e falecidos! –, um impulso cego de amor dirigido só a Deus por Ele mesmo, ou seja, um impulso de amor secreto fazendo pressão sobre a nuvem do não-saber; e se, em teu afecto, sentisses espiritualmente esse impulso, para ti seria melhor do que ter os olhos da alma abertos, para contemplar ou ver os anjos e santos do Céu, em toda a festa e melodia que eles fazem na bem-aventurança eterna.

E isto não te deve surpreender, pois se pudesses vê-lo uma só vez tão claramente como, pela graça, podes chegar a palpá-lo e senti-lo nesta vida, pensarias como te digo. Fica, no entanto, com a certeza de que nunca ninguém terá a visão clara nesta vida; mas já o sentimento, sim, é possível obtê-lo através da graça, quando Deus se digna concedê-lo. Por conseguinte, eleva o teu amor para aquela nuvem; ou antes, melhor dizendo, deixa que Deus atraia o teu amor para aquela nuvem, e tenta, com a ajuda da graça, esquecer tudo o mais.

Com efeito, se a simples lembrança de qualquer realidade inferior a Deus, exercendo pressão sobre ti contra a vontade e a consciência, te afasta do mesmo Deus e é para ti um obstáculo que te incapacita de saborear o fruto do seu amor, quanto mais não hás-de crer que te frustrará no teu propósito uma lembrança invocada de modo consciente e deliberado? E se te frustrará tanto a recordação de algum santo em particular, ou de alguma realidade espiritual e pura, quanto mais não hás-de crer que te frustrará e impedirá, no trabalho a que me refiro, a lembrança de algum ser humano vivendo esta vida miserável, ou então a memória de qualquer tipo de realidade material ou terrena?

Não afirmo de um mero pensamento súbito sobre qualquer realidade espiritual, boa e pura, inferior a Deus – um pensamento que faça pressão sobre ti contra a vontade e a consciência, ou então que seja invocado deliberadamente, com o intuito de aumentar a devoção – não afirmo, dizia, acerca de um pensamento desses – apesar de ele constituir um obstáculo para o tipo de trabalho em questão! – que seja, por tal motivo, uma coisa má. Não! Deus te livre de pensar assim! O que afirmo é que, embora ele seja bom e santo, todavia, durante o trabalho a que me refiro, é mais um impedimento que uma ajuda. De facto, todo aquele que busca a Deus de modo perfeito já não consegue encontrar repouso na recordação de nenhum anjo ou santo do Céu.

⁕ Capítulo X ⁕

Como se há-de saber se um pensamento é ou não pecado e, em caso afirmativo, se é pecado mortal ou venial.

No entanto, o caso é diferente, se te assalta a lembrança de algum homem ou mulher vivendo nesta vida, ou se te acomete a recordação de alguma realidade material ou terrena, seja ela qual for. Efectivamente, um mero pensamento súbito de tal natureza, exercendo pressão sobre ti contra a vontade e a consciência, não é pecado que te possa ser imputado: é antes uma consequência inevitável do pecado original, de que já te achas limpo pelo baptismo. Mesmo assim, porém, se um tal impulso ou pensamento súbito não for logo abatido, imediatamente, por fragilidade, o teu coração carnal[14] se verá dominado, quer por um certo deleite, tratando-se de coisa que te agrada ou agradou no passado, quer por um certo desgosto, tratando-se de coisa que, segundo julgas, te magoa ou magoou no passado. Isto poderá ser mortal, em homens e mulheres carnais que já se encontrem em pecado mortal[15]; todavia, em ti e em todos os que realmente abandonaram o mundo, um certo deleite ou desgosto que se apeguem ao coração de carne não passam de pecado venial. E a causa disto é que, graças ao testemunho e conselho de um pai prudente, a vossa intenção se fixou em Deus, quando entrastes no estado de vida em que vos encontrais. Contudo, mesmo no vosso caso, não deixará de

---

14. Tudo indica que, neste passo, o coração carnal corresponde à sensibilidade, de que o autor trata no capítulo LXVI.

15. O pecado mortal é o que tira a graça santificante e leva à condenação eterna.

haver pecado mortal, se um certo deleite ou desgosto, apegados ao coração carnal, forem tolerados sem qualquer reprovação, até que acabem por se prender, com pleno consentimento, ao coração espiritual (isto é, à vontade).

Isto dá-se quando tu – e quem diz tu, diz as pessoas já referidas – deliberadamente invocas a lembrança de algum homem ou mulher vivendo nesta vida, ou a memória de qualquer outra realidade material ou terrena. Tratando-se de coisa que te magoa ou magoou no passado, surge em ti uma fúria, bem como uma sede de vingança: é o que se chama ira. Ou então sentes um desdém violento e uma espécie de aversão pelo próximo, acompanhada de pensamentos rancorosos e condenatórios: é o que se chama inveja[16]. Ou ainda experimentas lassidão e desgosto de toda a ocupação boa, corporal ou espiritual: é o que se chama preguiça. Mas já tratando-se de algo que te agrada ou agradou no passado, surge em ti um deleite excessivo, ao pensar em tal realidade, seja ela qual for. Tanto assim que repousas nesse pensamento e, por fim, apegas a ele o teu coração e a tua vontade, alimentando com ele o coração carnal, de sorte que, enquanto pensas, tens a impressão de que não cobiças mais nenhum bem senão viver sempre em paz e repouso com aquilo mesmo em que pensas. Ora, o pensamento que desta maneira invocas – ou aceitas, quando te aparece –, achando nele o teu repouso e deleite, se diz respeito a qualquer excelência – de natureza ou de saber, de graça ou de grau, de valimento ou de beleza –, é nesse caso soberba. Se diz respeito a qualquer espécie de bens terrenos, riquezas, posses e tudo o mais de que se pode ser dono e senhor, é nesse caso avareza. Se diz respeito a comidas e bebidas delicadas, ou a quaisquer delícias agradáveis ao paladar, é nesse caso gula. Finalmente, se diz respeito ao amor e ao prazer, ou a quaisquer brincadeiras carnais, galanteios e lisonjas, é nesse caso luxúria.

---

16. Inveja, na Idade Média, também podia significar ódio ou inimizade.

∾ Capítulo XI ∾

Deve-se pesar cada pensamento e impulso segundo o seu valor próprio, e evitar sempre o descuido em relação ao pecado venial.

Não digo isto por estar persuadido de que sobre ti ou qualquer outra pessoa já referida recaia a culpa e sobrecarga de tais pecados. Mas gostaria que tu pesasses cada pensamento e impulso segundo o seu valor próprio, e também que te esforçasses com afinco por destruir o primeiro impulso e pensamento sobre qualquer uma das matérias em que podes vir a pecar. Porque uma coisa te digo: se alguém não pesa o primeiro pensamento e lhe atribui pouca importância – sim, ainda que nesse pensamento não haja pecado! –, tal pessoa, seja quem for, não evitará o descuido em relação ao pecado venial. A este último nunca ninguém o evitará completamente, nesta vida mortal. Contudo, o descuido em relação a ele devem-no evitar todos os discípulos da perfeição; de contrário, nenhum espanto me causará que logo pequem mortalmente.

❧ Capítulo XII ☙

O trabalho em questão tem por efeito não só destruir o pecado, mas também gerar as virtudes.

Por isso, se quiseres permanecer de pé, sem cair, não hesites no teu propósito, mas fustiga continuamente a nuvem do não-saber, que se encontra entre ti e o teu Deus, com o dardo afiado de um amor anelante. Abomina todo o pensamento acerca de qualquer coisa inferior a Deus. E não desistas, aconteça o que acontecer! Com efeito, é este o único trabalho que destrói o fundamento e a raiz do pecado. Jejua o mais que puderes, vela o mais possível, levanta-te o mais cedo que já se viu, deita-te no mais duro, veste do mais áspero – sim, e ainda, caso fosse lícito fazê-lo (que não é!) –, arranca os teus olhos, corta a língua da tua boca, tapa hermeticamente os ouvidos e o nariz... Pois, ainda que amputasses os teus membros privados e infligisses ao teu corpo todo o sofrimento que pudesses imaginar, tudo isso não te adiantaria absolutamente nada: o impulso e a insurreição do pecado continuariam a existir em ti.

Sim, e mais ainda! Chora como nunca, cheio de tristeza, por causa dos teus pecados ou devido à Paixão de Cristo, e traz à mente o mais possível as alegrias do Céu. Que te poderá fazer tudo isso? Certamente que imenso bem, forte auxílio, largo proveito e abundante graça é quanto te granjeará. Mas, em comparação com um cego impulso de amor, é apenas uma bagatela o que faz ou pode fazer todo o resto isoladamente. Tal impulso, sozinho, é a melhor parte escolhida por Maria. As restantes coisas, sem ele, de pouco ou nada te aproveitam. Tal impulso não somente destrói o fundamento e a raiz do pecado, tanto quanto é possível na Terra, como também gera as virtudes. Com efeito, se for bem entendido, levará a pessoa a perceber e sentir que, de modo subtil e perfeito, todas as virtudes estão contidas nele, livres de toda a mescla de intenções. Mas se alguém tiver o maior número possível de virtudes sem o referido impulso de amor, todas elas estarão misturadas com alguma intenção que não é recta, pelo que serão imperfeitas.

Efectivamente, a virtude não é mais nada senão um afecto ordenado e medido, cujo alvo nítido é Deus por Ele mesmo, pois Deus em Si mesmo é a pura causa de todas as virtudes. Tanto assim que, se alguém chegar à prática de alguma virtude por qualquer outra causa a par de Deus – sim, ainda que Deus seja a causa principal! –, tal virtude será imperfeita. Podemos ver isto mesmo em uma ou duas virtudes. E sugiro que escolhamos a humildade e a caridade, pois quem obtivesse estas duas, já não precisaria de mais nenhuma, uma vez que as possuiria a todas.

Capítulo XIII

O que é a humildade em si mesma; quando é perfeita e quando é imperfeita.

Ora vejamos primeiro a virtude da humildade: como é imperfeita, quando é causada por alguma coisa mais para além de Deus, embora Deus seja a causa principal, e como é perfeita, quando é causada por Deus somente. Mas primeiro convém saber o que é a humildade em si mesma, se quisermos ver e perceber o assunto com clareza: só depois é que se poderá entender melhor, e na verdade de espírito, qual seja a causa de tal virtude.

A humildade em si mesma nada mais é do que a verdadeira consciência de nós mesmos tal como somos. Não há dúvida: quem fosse capaz de se ver e sentir a si próprio tal como é, seria verdadeiramente humilde. E são duas as causas da humildade: uma é a impureza, miséria e fragilidade do ser humano, em que ele caiu pelo pecado (esta sempre a há-de sentir em certo grau, enquanto permanecer nesta vida, por mais santo que seja); outra é a excelência de Deus em si mesmo e o seu amor superabundante. Vendo isso, toda a natureza treme, os sábios tornam-se loucos, e todos os anjos e santos ficam cegos. De tal maneira que, se a sabedoria da divindade não proporcionasse esta visão à medida da capacidade dos seres, no plano da natureza e da graça, eu seria incapaz de dizer o que lhes aconteceria.

Esta segunda causa é perfeita, porque durará para sempre. E aqueloutra primeira é imperfeita, não só porque desaparecerá no termo desta vida, mas também porque muitas vezes se dará o caso que a abundância de graça fará crescer o desejo numa alma que ainda habita em seu corpo mortal, e por isso mesmo – sempre e por todo o tempo que Deus se dignar realizá-lo! – ela chegará a perder e olvidar, súbita e perfeitamente, toda a consciência do próprio ser[17], deixando assim de cuidar na própria santidade ou miséria. Entretanto, quer isto aconteça com frequência ou raramente a uma alma que esteja preparada para tal, estou em crer que dura apenas um curto instante. E durante esse tempo a alma atinge o estado de perfeita humildade, pois que desta virtude não conhece nem sente nenhuma outra causa senão a principal. Em contrapartida, todas as vezes que a alma conhece e sente outra causa, de mistura com a principal, a humildade que possui é imperfeita. Mesmo assim, porém, esta humildade imperfeita é boa, e é necessário tê-la sempre. Deus te livre de o compreenderes de outra forma!

---

17. Cf. os capítulos XLIII e XLIV.

~ Capítulo XIV ~

Se não tiver primeiro a humildade imperfeita, o pecador não poderá chegar à perfeição da humildade, durante a sua vida terrena.

Muito embora humildade imperfeita seja o nome que lhe atribuo, desejo ter a verdadeira consciência de mim mesmo tal como sou, pois só isso é que me fará alcançar a causa perfeita da humildade e também a perfeição desta virtude. De facto, creio que maior êxito não me garantiriam os anjos e santos do Céu, nem tão-pouco os membros da Santa Igreja na Terra, tanto religiosos como seculares de todos os graus, se todos juntos se aplicassem à tarefa exclusiva de orar a Deus por mim, para que eu chegasse à humildade perfeita. Sim, é impossível que um pecador obtenha ou conserve a humildade perfeita, sem a outra que é imperfeita.

Por isso, labuta quanto possas, com o suor do teu rosto, para chegares à verdadeira consciência de ti mesmo tal como és. Então, creio que muito em breve terás o verdadeiro conhecimento de Deus tal como Ele é. Não experimentarás a Deus tal como Ele é em si mesmo, porque disso ninguém é capaz senão Ele próprio. E também O não experimentarás como na bem-aventurança celeste, de corpo e alma. Todavia, experimenta-Lo-ás como é possível, e como Ele graciosamente permite que O conheça e sinta a alma humilde que ainda habita em seu corpo mortal.

E não penses que, pelo facto de eu distinguir duas causas da humildade, uma perfeita e outra imperfeita, desejo que ponhas de lado todo o esforço de buscar a humildade imperfeita, para te aplicares inteiramente à procura da que é perfeita. Não, certamente que não: creio que dessa forma nunca chegarias a ter êxito. No entanto, escrevo aqui tudo isto, porque tenciono dizer e mostrar o seguinte: o valor do exercício espiritual que advogo é mais excelente que o dos outros exercícios corporais ou espirituais que o ser humano pode executar mediante a graça, e o amor secreto, pelo qual fazes pressão, com pureza de espírito, sobre a escura nuvem do não-saber, que se encontra entre ti e o teu Deus, contém em si mesmo, subtil e perfeitamente, a perfeição da humildade, sem mistura de qualquer visão clara ou especial de alguma coisa inferior a Deus. Queria, pois, que soubesses o que é a humildade perfeita, e a pusesses como um objectivo a atingir ante o amor do teu coração, fazendo isso tanto por ti como por mim. E também queria que, mediante este conhecimento, te tornasses mais humilde.

Porque, segundo julgo, muitas vezes sucede que a falta de conhecimento é causa de muito orgulho. De facto, se porventura não soubesses o que é a humildade perfeita, suporias que, por teres um pouco de conhecimento e experiência do que chamo humildade imperfeita, já quase terias alcançado a perfeição. E assim te enganarias a ti mesmo, considerando-te muito humilde, ainda que na realidade estivesses completamente envolto na lama de um orgulho fétido. Por isso, esforça-te por adquirir a humildade perfeita, pois é tal a natureza dela que, ao possuí-la, a pessoa deixa de pecar e, depois, também já não peca grandemente.

Capítulo XV

Breve prova contra o erro dos que afirmam que a mais perfeita causa da humildade é a recordação da própria miséria.

Acredita, pois, firmemente que existe a humildade perfeita a que me refiro, e é possível chegar a ela, mediante a graça, durante esta vida presente. Digo isto para refutar o erro dos que afirmam que a mais perfeita causa da humildade surge da recordação da nossa miséria e das nossas faltas passadas.

De bom grado concedo que, para os que tiveram hábitos de pecado, como eu próprio tenho e tive, não existe causa de humildade mais necessária e vantajosa do que a recordação da própria miséria e das faltas passadas; e isso até vir o tempo em que a grande ferrugem do pecado esteja em larga medida raspada, segundo o testemunho da nossa consciência e do nosso director espiritual.

Mas já o mesmo se não pode afirmar acerca dos que são praticamente inocentes, ou seja, nunca pecaram com firme vontade e deliberação, mas apenas por fragilidade e ignorância, e se consagram, além disso, à vida contemplativa. Exceptuados, aliás, podemos considerar-nos também nós dois, se o nosso director espiritual e a nossa consciência atestam que tomámos licitamente a devida emenda, pela contrição, confissão e satisfação das nossas faltas, segundo os estatutos e normas da Santa Igreja, e se, além disso, sentimos que a graça nos move e chama a sermos, nós também, contemplativos. Na verdade, tanto para aqueles inocentes como para nós ambos, nas referidas condições, existe uma causa de humildade que é tão superior à habitual como a vida de Santa Maria, Nossa Senhora, é superior à do penitente mais culpado da Santa Igreja, ou como a vida de Cristo é superior à de qualquer outro homem da Terra, ou ainda como a vida de um anjo do Céu, isento para sempre da nossa fragilidade, é superior à da pessoa mais frágil que se encontra neste mundo.

Efectivamente, se a causa perfeita de toda a humildade consistisse apenas em ver e sentir a própria miséria, eu perguntaria aos que afirmam isso qual é a causa que torna humildes os que não vêem nem sentem – nem jamais conhecerão! – qualquer sombra de miséria ou impulso de pecado: é o caso de nosso Senhor Jesus Cristo, Santa Maria Nossa Senhora, e todos os anjos e santos do Céu. A esta perfeição, bem como a todas as outras, é que nosso Senhor Jesus Cristo nos chama, Ele próprio, no Evangelho, quando nos ordena que sejamos perfeitos pela graça como Ele mesmo é perfeito por natureza[18].

---

18. Cf. Mt 5,48.

❧ Capítulo XVI ❧

Por meio deste trabalho, um pecador verdadeiramente convertido e chamado à contemplação chega mais depressa à perfeição, e pode obter de Deus mais rapidamente o perdão dos pecados.

Ninguém acuse de presunção o pecador mais miserável deste mundo que, licitamente emendado e descobrindo-se vocacionado para a vida que se chama contemplativa, mediante o assentimento do seu director espiritual e da própria consciência, ouse oferecer a Deus um humilde impulso de amor, fazendo pressão secreta sobre a nuvem do não-saber, que se encontra entre ele e o seu Deus. Quando nosso Senhor disse a Maria e, na pessoa dela, a todos os pecadores chamados à vida contemplativa: – "Os teus pecados estão perdoados"[19] –, não lhe falou assim porque ela sentia grande tristeza, ou se lembrava dos pecados cometidos, ou ainda atingira a humildade que é motivada apenas pelo reconhecimento da própria miséria. Mas, então, porque lhe falou assim? Certamente, porque ela muito amou[20]. Eis, pois, que deste modo se torna patente o que pode obter de nosso Senhor um impulso de amor secreto, de preferência a todos os outros exercícios que se possam imaginar.

---

19. Lc 7,48. Jesus dirigiu estas palavras a uma pecadora anónima (cf. Lc 7,37) que, na Idade Média, era identificada com Maria Madalena, tal como Maria de Betânia, irmã de Marta e Lázaro.

20. Lc 7,47.

No entanto, de bom grado concedo que Maria experimentava enorme tristeza, chorava amargamente os seus pecados e se humilhava profundamente, recordando a sua própria miséria. E assim também nós, que temos sido miseráveis pecadores inveterados durante toda a nossa vida, devíamos sentir uma dor terrível e extraordinária pelos nossos pecados, e humilhar-nos profundamente, lembrando-nos da nossa miséria.

Como, porém? Certamente como Maria. Não há dúvida que ela não podia deixar de sentir uma profunda dor de coração pelos seus pecados, já que sempre, em toda a sua vida, os levava com ela para onde quer que fosse, atados como num fardo e armazenados muito em segredo nos recessos mais fundos do coração, para nunca mais os esquecer. No entanto, também se pode afirmar, com base na Escritura, que lhe provocava maior dor de coração, um desejo mais magoado e suspiros mais profundos, que a enlanguescia mais – sim, quase até à morte! –, não tanto a memória dos pecados, mas sobretudo a falta de amor, por muito grande amor que já tivesse. E isso não te deve surpreender, pois é apanágio do verdadeiro amante, quanto mais ama, mais querer amar!

É claro que ela bem sabia e bem sentia em si mesma, com firme certeza, que era a mais hedionda de todas as desgraçadas, e que os seus pecados tinham criado uma divisão entre ela e o seu Deus, que tanto amava, sendo eles também, em grande parte, a causa da sua enfermidade enlanguescente, devida à falta de amor. Mas, e daí? Desceu ela, por isso, das alturas do seu desejo até às profundezas da sua vida pecaminosa, para rebuscar na lama e esterco dos seus pecados? Desenterrou-os um a um, com todas as suas circunstâncias, a fim de se lamentar e chorar sobre cada um deles em particular? Não, certamente que não. E por quê? Porque Deus a fez compreender, pela sua graça, no íntimo da alma, que assim ela nunca chegaria a ser bem-sucedida. É que, dessa forma, poderia surgir nela a tendência para pecar novamente, em vez de obter, mediante semelhante exercício, um claro perdão de todos os pecados.

Por conseguinte, ela suspendia o seu amor e o seu desejo intenso na nuvem do não-saber, e aprendia a amar o que, nesta vida, não conseguia ver claramente, à luz do entendimento, no plano da razão, nem chegava a sentir verdadeiramente, em doçura de amor, no santuário do afecto. Tanto assim que, frequentemente, mal se recordava se fora alguma vez pecadora ou não. Sim, e muitíssimas vezes imagino que ela estava tão profundamente enlevada no amor da divindade de nosso Senhor, que quase nem reparava na beleza do seu corpo precioso e bendito, o corpo em que Ele aparecia sentado, cheio de encanto, falando e pregando diante dela. Tão-pouco reparava Maria em qualquer outra coisa, material ou espiritual. É esta a verdade que transparece do Evangelho.

Capítulo XVII

Um verdadeiro contemplativo não deseja imiscuir-se na vida activa, nem no que fazem ou dizem ao seu redor, e também não responde aos que o criticam, desculpando-se.

No Evangelho de São Lucas está escrito[21] que, quando nosso Senhor se encontrava em casa de Marta, irmã de Maria, Marta ocupava-se de lhe preparar a refeição, enquanto Maria se quedava sentada aos pés do Mestre. E ouvindo a sua palavra, ela não prestava atenção às ocupações da irmã, conquanto fossem muito boas e santas, já que pertenciam à primeira parte da vida activa. E também não reparava na preciosidade daquele corpo bendito, nem naquela doce voz, nem nas palavras da humanidade do Senhor, ainda que tudo isso fosse melhor e mais santo, pois pertencia à segunda parte da vida activa e à primeira da vida contemplativa. Maria voltava-se, pois, para a sabedoria suprema da divindade do Senhor, velada nas palavras obscuras da sua humanidade, e nisto se fixava com todo o amor do seu coração. Com efeito, dali não se queria afastar, por nada do que pudesse ver ou ouvir ao seu redor; antes permanecia sentada, muito quieta em seu corpo, fazendo pressão, com muitos impulsos de um doce amor, secreto e ardente, sobre a alta nuvem do não-saber, que se encontrava entre ela e o seu Deus.

---

21. Cf. Lc 10,38-42.

É que uma coisa te digo: nesta vida, nunca houve nem haverá um ser puro, arrebatado tão alto na contemplação e no amor da divindade, que não encontre sempre uma alta e maravilhosa nuvem do não-saber entre ele e o seu Deus. Nesta nuvem é que Maria estava ocupada, exercendo pressão com numerosos impulsos de amor secreto. E por quê? Porque isto era a parte da contemplação melhor e mais santa, alcançável nesta vida. E dessa parte ela não se queria afastar, por nada deste mundo. Tanto assim que, quando Marta se queixou a nosso Senhor, exigindo que a irmã se erguesse e prestasse auxílio, para não ter de arcar sozinha com os trabalhos e fadigas, Maria permaneceu sentada, muito quieta, e não disse palavra de resposta, nem teve nenhum gesto de ressentimento contra a irmã, por causa de qualquer um dos seus queixumes. E nada disto admira, pois ela tinha outro trabalho para fazer, que Marta desconhecia. Portanto, não tinha vagar para a ouvir, nem para responder à sua queixa.

Sim, amigo, todas as obras, palavras e gestos que ocorreram entre nosso Senhor e estas duas irmãs servem de exemplo a todos os activos e contemplativos da Santa Igreja, até ao dia do juízo final. Maria representa os contemplativos, porque eles devem conformar a sua vida com a dela; Marta representa os activos, do mesmo modo e por análoga razão.

～ Capítulo XVIII ～

De como, ainda hoje, os activos se queixam dos contemplativos, da mesma forma que Marta se queixava de Maria. A causa de tais queixas é a ignorância.

Assim como Marta outrora se queixava de Maria, assim também, ainda hoje, os activos se queixam dos contemplativos. De facto, suponhamos que alguém de um meio secular ou de uma ordem religiosa se sente chamado a abandonar toda a ocupação exterior, para se entregar plenamente à vida contemplativa. Que acontece a quem é tocado deste modo pela graça, dando ouvidos a conselhos espirituais? Que sucede a quem adopta um tal género de vida, segundo a luz dos seus conhecimentos e os ditames da sua consciência, com a aprovação do director espiritual? No mesmo instante, os seus irmãos e irmãs, todos os seus amigos íntimos, e muitos outros que não conhecem as suas moções interiores nem o seu estilo de vida, se voltam contra ele com duras críticas e asperamente lhe dizem que a sua conduta não faz sentido. E logo se põem a desfiar um rosário de falsas histórias, com histórias verdadeiras à mistura, falando sobre a queda de homens e mulheres que se votaram ao mesmo género de vida no passado. Mas nunca hão-de citar o bom exemplo de alguém que se aguentou de pé!

Reconheço que muitos caem e caíram dos que tão-somente na aparência abandonaram o mundo. Aqueles que se haveriam de tornar os servos e os contemplativos de Deus, porque se não quiseram reger por um verdadeiro guia espiritual, tornaram-se os servos e os contemplativos do Demónio; e assim se transformam em hipócritas e hereges, ou caem em frenesis e muitos outros males, para opróbrio da Santa Igreja. Não falarei mais deles por agora, pois complicaria o nosso assunto. No entanto, mais adiante, se Deus quiser e for necessário, poder-se-ão ver algumas das suas características e a causa de suas quedas. Por conseguinte, não falemos mais, de momento, e prossigamos com o nosso assunto.

Capítulo XIX

Breve justificação do autor deste livro, na qual se advoga que os contemplativos devem perdoar as críticas que lhes fazem os activos, por meio de palavras e actos.

Alguns poderiam pensar que eu não presto a devida honra a Marta, essa santa especial, pois comparo as suas palavras de protesto contra a irmã às palavras da gente do mundo. A verdade, porém, é que não pretendo faltar ao respeito nem a Marta nem às pessoas do mundo. E o Senhor me livre de, nesta obra, eu fazer a mais pequena crítica aos seus servos de qualquer grau, dizendo alguma coisa em desabono da sua santa especial. De facto, penso que se deve relevar totalmente a queixa de Marta, tendo em conta a ocasião e o modo como a fez. A causa do que ela disse foi a ignorância; mas não nos deve admirar que, na altura, ela não soubesse qual era a ocupação de Maria, pois estou em crer que, até ali, ainda mal tinha ouvido falar de semelhante perfeição. Por outro lado, a santa também se exprimiu com toda a cortesia e em breves palavras, pelo que sempre a devemos considerar plenamente desculpada.

Assim, a meu ver, as pessoas de vida activa, inseridas no mundo, também devem obter o perdão para as suas palavras de protesto acima referidas, muito embora falem de maneira rude, pois é necessário atender à ignorância de que são vítimas. Com efeito, assim como Marta estava muito pouco ciente do que fazia a sua irmã, quando se queixava dela a nosso Senhor, assim também os nossos contemporâneos sabem muito pouco ou nada do que pretendem os jovens discípulos de Deus, quando se retiram dos negócios do mundo, para se tornarem servos especiais do mesmo Deus, na santidade e rectidão de espírito. E se alguma coisa em verdade soubessem, eu atrever-me-ia a dizer que os nossos coevos teriam outra linguagem e comportamento. Entendo, portanto, que sempre lhes deve ser dado o perdão, pois não conhecem outro género de vida melhor que o seu. Além disso, quando penso nas inúmeras faltas que eu mesmo cometi outrora – erros tanto de linguagem como de comportamento, cuja causa foi a minha ignorância –, julgo que, para obter o perdão de Deus, também eu devo ter caridade e compaixão, e perdoar todas as faltas que o meu próximo cometeu por ignorância. Seguramente que, de outro modo, eu não estaria a tratar os outros como gostaria de ser tratado por eles[22].

---

22. Cf. Mt 7,12.

✍ Capítulo XX ✍

Deus omnipotente responderá da melhor maneira por aqueles que nem sequer se defendem a si mesmos, para se poderem manter ocupados em amá-Lo.

Por conseguinte, na minha opinião, os consagrados à vida contemplativa não se deviam limitar a ser indulgentes para com as críticas dos activos; mas seria também conveniente que se aplicassem de tal modo à sua ocupação espiritual que nem sequer prestassem atenção ao que as pessoas fazem ou dizem à sua volta. Foi esta a conduta de Maria, nosso modelo, quando Marta se queixou a nosso Senhor. E se nós a quisermos imitar, nosso Senhor fará por nós, ainda hoje, o mesmo que outrora fez por ela.

Que sucedeu, então? Vejamos como agiu o nosso amado Senhor Jesus Cristo, para quem nada existe de secreto nem oculto: Marta pediu-lhe que assumisse o papel de juiz e dissesse a Maria que tratasse de colaborar em O servir; Ele percebeu, no entanto, que o espírito de Maria se encontrava fervorosamente ocupado em amar a sua divindade; assim, pelo modo mais cortês e conveniente, segundo os ditames da razão, Ele próprio, o Senhor, respondeu por aquela contemplativa, a qual nem sequer se defendia a si mesma, para não interromper o amor que Lhe devotava. E como respondeu Ele? Certamente que não assumiu o papel de mero juiz, a pedido de Marta, mas antes, como advogado, tomou a defesa legal de quem O amava. Disse: "Marta, Marta!" Para ser mais eficaz, duas vezes a chamou pelo nome, pois queria que ela O ouvisse e prestasse atenção às suas palavras. "Andas inquieta – prosseguiu o Senhor –

e estás perturbada com muitas coisas"[23]. De facto, os activos andam sempre atarefados, e têm de se preocupar com variadíssimas coisas, primeiro, para proverem às suas próprias necessidades e, depois, para realizarem obras de misericórdia em favor do próximo, como exige a caridade. E o intuito do Senhor, ao falar a Marta daquele modo, era fazê-la saber que a ocupação dela era boa e proveitosa para a saúde[24] da alma. Contudo, para que ela não pensasse que o seu trabalho era o melhor que se poderia empreender, o Senhor acrescentou: "Mas uma só coisa é necessária"[25].

E que é esta coisa única necessária? É, sem dúvida, amar e render louvor só a Deus exclusivamente, pondo tal ocupação acima de qualquer outra, material ou espiritual, que se possa levar a efeito. E para que Marta não pensasse que poderia chegar tão alto, enquanto se ocupava das necessidades desta vida, nosso Senhor quis afiançar-lhe que ela não poderia servir a Deus senão imperfeitamente, dedicando-se a ocupações materiais e espirituais em simultâneo. Assim, o Senhor acrescentou que Maria escolhera a melhor parte, que nunca lhe seria tirada. Efectivamente, aquele impulso de amor que principia aqui não se distingue daquele outro que durará para todo o sempre, na bem-aventurança celeste, pois ambos são uma só e a mesma coisa.

---

23. Lc 10,41.
24. Saúde, neste contexto, é também sinónimo de salvação.
25. Lc 10,42.

~ Capítulo XXI ~

Verdadeira explicação do seguinte passo do Evangelho: "Maria escolheu a melhor parte"[26].

Que significa a afirmação de que Maria escolheu o óptimo? Sempre que se propõe ou nomeia o óptimo, postulam-se duas coisas – o bom e o melhor –, pois só assim temos o óptimo, que vem em terceiro lugar. Dito isto, quais são as três coisas boas, dentre as quais Maria escolheu a melhor de todas? Não são três espécies de vida, pois a Santa Igreja apenas reconhece duas: a vida activa e a vida contemplativa, e estas encontram-se figuradas, no relato evangélico, pelas duas irmãs, Marta e Maria (Marta representa a vida activa, e Maria, a contemplativa). Sem adoptar uma ou outra destas vidas, ninguém se pode salvar; mas também, não sendo elas mais que duas, não se pode escolher uma que seja óptima, em sentido estrito.

Só existem, pois, duas vidas, mas ambas ligadas perfazem três partes, cada uma das quais melhor do que a precedente. Estas três partes já foram apresentadas nos seus lugares próprios, em anteriores passagens deste escrito. Efectivamente, segundo referi[27], a primeira parte, vêmo-la de pé, ocupada em praticar obras corporais de misericórdia e caridade, boas e honestas; equivale ao primeiro grau da vida activa, conforme também já afirmei. Por seu turno, a

---

26. O autor emprega o superlativo, tal como a vulgata: "Maria optimam partem elegit".
27. Cf. capítulo VIII.

segunda parte das duas vidas a que me reporto está deitada, absorvida em meditações espirituais salutares, durante as quais o ser humano considera a sua própria miséria, a Paixão de Cristo e as alegrias do Céu. A primeira parte é boa, mas a segunda é melhor, pois equivale ao segundo grau da vida activa e ao primeiro da vida contemplativa. Nesta segunda parte é que a vida contemplativa e a vida activa se unem em parentesco espiritual e se convertem em autênticas irmãs, à semelhança de Marta e Maria. É este o nível de contemplação a que pode chegar um activo, e mais alto não subirá, excepto em raríssimas ocasiões e por uma graça especial. Por outro lado, é também este o nível da vida activa a que pode aceder um contemplativo, e mais baixo não descerá, excepto em raríssimas ocasiões e por uma grande necessidade.

A terceira parte das duas vidas mencionadas está suspensa na escura nuvem do não-saber e abunda em impulsos de amor secreto, cujo alvo exclusivo é Deus somente. A primeira parte é boa, a segunda é melhor, mas a terceira é a melhor de todas. É esta a melhor parte de Maria. Por isso, é necessário compreender bem que nosso Senhor não disse: – "Maria escolheu a vida melhor de todas" –, pois não existem senão duas vidas, e onde só há duas realidades, não se pode escolher uma que seja a melhor de todas. Mas destas duas vidas "Maria escolheu" – disse o Senhor – "a parte melhor de todas, que nunca lhe será tirada"[28]. A primeira parte e a segunda, embora sejam boas e santas, terminam com a vida presente. Com efeito, na outra vida, já não haverá necessidade, como agora, de praticar obras de misericórdia, nem de chorar por causa da nossa miséria ou da Paixão de Cristo. Então, ninguém terá fome nem sede, nem morrerá de frio, nem andará doente, nem se en-

---

28. Lc 10,42.

contrará sem abrigo ou na prisão; tão-pouco será necessário enterrar seja quem for, porque ninguém morrerá. Contudo, a terceira parte, que Maria escolheu, seja escolhida igualmente por quem ouvir o apelo da graça. Ou melhor: quem Deus tiver escolhido para essa parte, deixe-se inclinar para ela com gosto. Tal parte nunca lhe será tirada, pois começa aqui, mas durará para todo o sempre.

Por conseguinte, que a voz de nosso Senhor brade aos activos, como se no presente lhes estivesse falando em nosso favor, do mesmo modo que outrora falou a Marta em favor de Maria: "Marta, Marta!" – "Activos, activos!, ocupai-vos quanto puderdes na primeira e na segunda parte, ora numa ora noutra, e se quiserdes e vos aprouver, em ambos os casos utilizai os vossos sentidos. Mas deixai em paz os contemplativos. Vós não sabeis o que se passa com eles. Deixai-os permanecer sentados, em seu descanso e recreio, com a terceira e melhor parte de Maria".

✣ Capítulo XXII ✣

Do maravilhoso amor de Cristo para com Maria, que personifica todos os pecadores verdadeiramente convertidos e chamados à graça da contemplação.

Doce era o amor recíproco entre nosso Senhor e Maria. Ela, que muito O amava, era amada por Ele mais ainda. Na verdade, quem observasse com atenção o comportamento de um para com o outro (não como o exporia um narrador frívolo, mas conforme o atesta o relato evangélico, que não pode de modo nenhum ser falso) verificaria que ela se dava a amá-Lo tão intensamente que nenhum ser inferior a Ele a podia confortar, nem tão-pouco reter-lhe o coração. Aliás, era precisamente Maria que, ao procurar o Senhor no sepulcro, com lágrimas escorrendo-lhe pela face, não permitia que os anjos a consolassem[29]. Eles dirigiam-lhe palavras doces e afectuosas, dizendo: "Não chores, Maria, porque nosso Senhor, a quem procuras, ressuscitou, e tu O hás-de possuir e contemplar, vivo e cheio de beleza, entre os seus discípulos, na Galileia, como Ele mesmo prometeu". Ela, porém, não sustinha o pranto, pois, a seu ver, quem buscava o Rei dos anjos não devia fazer caso de simples mensageiros.

E que mais? Certamente, quem examinar com cuidado o relato evangélico, deparará com muitos actos maravilhosos de amor perfeito que Maria realizou. Todos eles foram registados para nos servir de exemplo, e concordam de tal

---

29. Cf. Jo 20,11-13; Mt 28,1-7.

maneira com o trabalho sobre que versa o presente livro que parecem ter sido narrados precisamente por causa disso. Aliás, não há dúvida que foram escritos exactamente por essa razão; quem quiser entender que entenda! E se alguém quiser ver com os próprios olhos, nas páginas do Evangelho, o amor maravilhoso e especial de nosso Senhor para com Maria, que personifica todos os pecadores inveterados sinceramente convertidos e chamados à graça da contemplação, verificará que o mesmo nosso Senhor não permitia a ninguém – nem sequer a Marta, que era irmã! – pronunciar uma única palavra contra Maria, por quem Ele mesmo tratava de responder. Sim, e mais ainda: o Senhor repreendeu Simão, o Leproso, em sua própria casa, por ele pensar mal de Maria[30]. Ora, isto era a prova de um grande amor, um amor inexcedível!

---

30. O autor identifica Simão, o fariseu, de Lc 7,36-50, com Simão, o leproso, de Mc 14,3-9.

Capítulo XXIII

De como Deus intervém espiritualmente em favor daqueles que, por estarem ocupados em amá-Lo, não se defendem a si mesmos, nem provêem às suas próprias necessidades.

Na verdade, se quisermos entusiasticamente conformar o nosso amor e a nossa maneira de viver – tanto quanto no-lo permitirem a graça e a direcção espiritual! – ao amor e à maneira de viver de Maria, poderemos estar certos de que o Senhor também responderá por nós todos os dias, de modo espiritual, intervindo secretamente nos corações de quantos nos criticam ou pensam mal de nós. Sem dúvida que, durante a labuta desta vida, sempre haverá quem nos critique ou pense mal de nós, como sucedeu com Maria. No entanto, se, a exemplo dela, não prestarmos atenção ao que os nossos adversários disserem ou julgarem, nem interrompermos o nosso labor espiritual secreto por causa das palavras ou pensamentos que tiverem, o mesmo nosso Senhor lhes responderá em espírito – no caso de serem bem intencionados! –, e dentro em breve eles terão vergonha das suas próprias críticas e maus juízos.

Assim como responderá por nós, o Senhor também inspirará os outros a dar-nos o necessário para a vida presente – isto é, alimento, roupas e tudo o mais –, se vir que não abandonamos a obra do seu amor para tratar dessas coisas. Digo isto para refutar o erro dos que afirmam que a ninguém é lícito dedicar-se ao serviço de Deus, na vida contemplativa, se não tiver de antemão assegurado o provimento das suas necessidades corporais. Os que assim pensam referem que "Deus dá a vaca, mas não pelos chifres"[31]. Ora, isto em verdade é falar mal de Deus, como eles sabem muito bem. Quem quer que tu sejas, pois, que abandonas o mundo e te voltas para Deus, tem firme confiança que Ele te enviará, sem esforço algum da tua parte, uma ou outra destas duas coisas que passo a nomear: a abundância de bens necessários, ou então a força física, aliada à paciência espiritual, para suportares as privações. Que importa qual destas duas coisas se obtém? Tanto faz, para o verdadeiro contemplativo.

Se alguém duvidar destas minhas palavras, ou tem o Diabo no peito, que lhe tira a fé, ou então ainda não está verdadeiramente convertido a Deus como devia; e isto é verdade a respeito de toda e qualquer pessoa, mesmo que ela o pretenda negar, discorrendo da forma mais engenhosa ou apresentando os argumentos mais santos.

Por isso, tu que te esforças por ser um contemplativo à semelhança de Maria, prefere o que é perfeito ao que é imperfeito, e escolhe ser humilhado, não sob a tua própria miséria, mas sob a maravilhosa grandeza e excelência de Deus. Por outras palavras, volte-se o teu olhar de modo especial para a excelência de Deus, mais do que para a tua própria miséria. De facto, aos que tiverem alcançado a humildade perfeita, nada lhes faltará: nem coisa material, nem coisa espiritual. O quinhão dessas pessoas é Deus, no qual reside toda a plenitude, e quem o possui – como afirma este livro – não precisa de mais nada na vida presente.

---

31. Cita-se aqui um provérbio coloquial da Idade Média que tem um significado semelhante ao dos nossos adágios: "A quem madruga Deus ajuda" e "Fia-te na Virgem e não corras". A ideia que os adversários do nosso autor defendem é que não receberá de Deus os bens materiais necessários para a vida quem nada fizer para os obter.

Capítulo XXIV

O que é a caridade em si mesma e como está contida, de modo subtil e perfeito, no trabalho sobre que versa o presente livro.

Afirmou-se a respeito da humildade que ela está subtil e perfeitamente contida naquele cego impulsozinho de amor já mencionado, quando ele fustiga a escura nuvem do não-saber, após se terem soterrado e esquecido todas as coisas. Ora, o mesmo se deve entender como aplicável a todas as outras virtudes, especialmente a caridade.

Com efeito, para ti a caridade não deve significar outra coisa senão amar a Deus por Ele mesmo, sobre todas as criaturas, e amar o homem como a ti mesmo, por causa de Deus. Ora, é evidente que, no trabalho de que falo, Deus é amado por Ele mesmo e sobre todas coisas, porquanto, conforme já se disse, a substância do referido trabalho nada mais é que uma intenção nua, cujo alvo é Deus por Ele mesmo. E o nome que lhe dou é intenção nua, porque o aprendiz ideal não pede a libertação da dor, nem mais ampla recompensa: nada mais pede, em suma, que Deus mesmo. Tanto assim que lhe é indiferente se sofre ou está feliz – no que nem sequer repara! –, desde que se realize a vontade d'Aquele a quem muito ama. E deste modo se torna evidente que, no trabalho a que me refiro, Deus é perfeitamente amado por Ele mesmo e sobre todas as coisas, pois o operário ideal já nem sequer é capaz de tolerar a lembrança da criatura mais santa que alguma vez saiu das mãos de Deus.

Finalmente, a experiência mostra que, no trabalho em questão, também se realiza, verdadeira e perfeitamente, o segundo nível da caridade, que é inferior e diz respeito ao próximo, pois o operário ideal não se detém a considerar nenhum ser humano por si mesmo, quer seja seu familiar ou não, quer seja seu amigo ou não. Na verdade, julga que todos os homens são seus irmãos e não considera nenhum deles um estranho; julga que todos os homens são seus amigos e não considera nenhum deles seu inimigo. Tanto assim que, a todos quantos o magoam e oprimem nesta vida, os tem na conta de amigos bons e especiais, e sente-se impelido a desejar-lhes tantos bens quantos desejaria ao seu amigo mais íntimo.

~ Capítulo XXV ~

Durante o trabalho referido, a alma perfeita não se detém a considerar nenhum ser humano deste mundo.

Não tenciono afirmar que o operário perfeito se deterá a considerar alguém deste mundo em especial, amigo ou inimigo, parente ou desconhecido. Isso, de facto, nunca poderá suceder, se quiser executar perfeitamente o trabalho a que me refiro, esquecendo, como convém, todos os seres inferiores a Deus. Por conseguinte, o que eu pretendo dizer é que o operário ideal crescerá em virtude e caridade, por efeito do seu labor próprio, de sorte que, ao condescender depois em conviver com o próximo ou rezar por ele (sem abandonar totalmente o seu trabalho, pois seria grande pecado, mas descendo dos altos cumes, o que por vezes importa fazer, em obediência à caridade), a vontade[32] se lhe dirigirá tanto para o amigo como para o inimigo, tanto para o parente como para o desconhecido. Sim, e por vezes mais para o inimigo do que para o amigo!

De qualquer modo, porém, quando está absorvido em seu ofício, o operário ideal não tem ocasião de reparar em quem é amigo ou inimigo, parente ou desconhecido. Não quero dizer que ele não sinta por vezes – e até mesmo frequentemente! – uma afeição mais íntima por uma, duas ou três pessoas. Aliás, é legítimo que isso aconteça, por múltiplas razões de caridade, pois Cristo também sentia uma afeição especial por João, Maria e Pedro, de preferência a muitos outros. O que eu afirmo, no entanto, é que, para o operário per-

---

32. É a vontade que ama, cf. capítulo LXIV.

feito, todos serão seus íntimos por igual, enquanto se dedicar ao seu labor próprio, visto que não sentirá nenhum outro móbil para além de Deus. Portanto, a todos amará como a si mesmo, pura e simplesmente por causa de Deus.

Se é certo que, em Adão, todos se perderam, e os que manifestam em suas obras o desejo de salvar-se, são salvos – ou serão salvos! – unicamente pela Paixão de Cristo, também sucede, de modo análogo, que a alma perfeitamente disposta para o trabalho de que falo, e por ele unida a Deus em espírito, faz tudo o que está ao seu alcance, segundo comprova a experiência, para que todos atinjam perfeição idêntica à sua, no mesmo labor a que ela se dedica. Na verdade, se um membro do nosso corpo está doente, todos os outros membros sofrem e se perturbam, e se um membro está são, todos os restantes se regozijam com isso. Ora, assim também sucede espiritualmente com todos os membros da Santa Igreja. Com efeito, Cristo é a nossa cabeça, e nós somos os seus membros[33], se permanecemos na caridade. Quem quiser, pois, ser um discípulo perfeito de nosso Senhor deve distender o seu espírito no trabalho referido, para a salvação de todos quantos pela natureza são seus irmãos e irmãs, imitando dessa forma o Senhor, que estendeu o seu corpo na cruz. E por quem fez isso o Senhor? Não apenas pelos seus amigos, parentes e mais íntimos devotos, mas por toda a humanidade em geral, sem olhar mais a um do que a outro. Na verdade, todos quantos abandonarem o pecado e buscarem misericórdia serão salvos, em virtude da sua Paixão.

O que se disse acerca da caridade também se aplica às outras virtudes, pois todas elas estão subtilmente contidas naquele impulsozinho de amor a que se fez alusão anteriormente.

---

33. Cf. 1Cor 12,12ss; Ef 1,23; 5,23.30.

Capítulo XXVI

Sem uma graça muito especial, ou sem a graça comum e uma longa prática, o trabalho sobre que versa o presente livro é muito árduo. Qual a parte que pertence à alma, ajudada pela graça, e qual a parte que pertence a Deus somente.

Por conseguinte, esforça-te seriamente por um tempo. Fustiga a alta nuvem do não-saber e repousa em seguida. Será exigido esforço de quem quiser praticar este trabalho, não haja dúvida! E será um esforço muito grande, a não ser que se trate de alguém que recebeu uma graça especial ou já esteja habituado desde há muito.

Mas em que consiste esse tal esforço? Certamente que nada tem que ver com os devotos impulsos de amor que continuamente se produzem na vontade, não por iniciativa da própria pessoa, mas pela acção de Deus todo-poderoso. Deus está sempre pronto a realizar essa obra na alma que se dispõe para isso e vem fazendo, desde longo tempo, tudo o que está ao seu alcance para se tornar apta. Mas então em que consiste o referido esforço? Sem dúvida que todo ele se resume em calcar aos pés a memória de todas as criaturas de Deus, mantendo-as sob a nuvem do esquecimento de que já falei. Nisto reside todo o esforço, pois esta é a parte que o ser humano deve executar, com o auxílio da graça. Quanto à outra parte – ou seja, os impulsos de amor –, essa pertence a Deus somente. Por isso, prossegue com a tua parte, e eu te asseguro que Deus não falhará com a d'Ele.

Continua, pois, a toda a pressa: revela as tuas disposições. Não vês que Ele se detém à tua espera? Que vergonha! Esforça-te seriamente apenas por algum tempo, que logo a tua tarefa deixará de ser tão grande e tão difícil. Ela é dura e penosa no início, quando ainda não tens devoção; mas quando tiveres devoção, tornar-se-á repousante e facílimo o que dantes era muito duro, e executá-lo-ás com pouco esforço ou até sem esforço nenhum. É que por vezes Deus chegará a fazer todo o trabalho sozinho. Mas isso não acontecerá sempre, nem tão-pouco por longo tempo: só quando Lhe aprouver e da forma que Lhe agradar. E nessa altura sentirás alegria em deixá-Lo agir por sua conta!

Às vezes, nessas ocasiões, pode acontecer que Deus envie um raio de luz espiritual, que trespasse a nuvem do não-saber interposta entre ti e Ele: assim te mostrará alguns dos seus segredos, sobre os quais o homem não tem permissão nem capacidade para falar. Então sentirás o teu afecto inflamado no fogo do seu amor muito mais intensamente do que eu posso ou quero dizer neste momento. Porque acerca do trabalho que compete só a Deus, não ouso pronunciar-me com a minha língua carnal balbuciante. Aliás, mesmo que ousasse, nunca o faria! No entanto, acerca do trabalho que compete ao ser humano, quando ele se sente impelido e ajudado pela graça, apraz-me dizer-te alguma coisa, pois há nisso menos perigo.

Capítulo XXVII

Quem se deve entregar ao trabalho da graça sobre que versa o presente livro.

Primeiro e antes de tudo, dir-te-ei quem se deve entregar ao trabalho de que falo, quando e por que meios, e qual a discrição que hás-de guardar ao praticá-lo.

Se me perguntas quem se deve dedicar a este trabalho, respondo: todos os que abandonaram o mundo com vontade sincera e, além disso, se consagram, não à vida activa[34], mas à vida chamada contemplativa. Todos estes se devem entregar a esta graça e a este trabalho, sejam eles quem forem, quer tenham sido pecadores inveterados quer não.

---

34. Contudo, no PRÓLOGO, o autor abre uma excepção em favor de alguns activos.

∽ Capítulo XXVIII ∾

Ninguém deve ter a presunção de se dedicar a este trabalho antes de legalmente haver purificado a própria consciência de todas as faltas particulares.

Todavia, se me perguntas quando é que se devem entregar a este trabalho, eu respondo que nunca antes de terem purificado a própria consciência de todas as faltas particulares cometidas no passado, em conformidade com as normas ordinárias da Santa Igreja.

Com efeito, neste trabalho, a alma faz secar por completo em si mesma a raiz e o fundamento do pecado, que subsistirão sempre, mesmo após a confissão, por mais esforços que se façam. Por isso, quem se quiser empenhar neste trabalho, purifique primeiro a sua consciência, e depois de ter feito o que está determinado, disponha-se então para a tarefa, de forma ousada, mas com humildade. E considere que esteve parado muito tempo, porque este é o trabalho em que a alma se devia empenhar durante toda a vida, se nunca tivesse cometido pecado mortal.

Enquanto a alma habitar nesta carne mortal, sempre há-de ver e sentir a pesada nuvem do não-saber interposta entre ela e Deus. E não só isso, mas também, como castigo do pecado original, sempre há-de ver e sentir que algumas criaturas de Deus, ou algumas obras dessas mesmas criaturas, constantemente lhe virão à lembrança, intrometendo-se à força entre ela e Deus. É este, pois, o recto juízo de Deus: uma vez que o homem, quando detinha a soberania e o domínio sobre todas as outras criaturas, de bom grado se submeteu à vontade dos seus súbditos, desobedecendo às ordens de Deus, seu criador, também o mesmo homem, ao querer cumprir as ordens de Deus, vê e sente que todas as criaturas que deviam estar debaixo dele orgulhosamente se elevam acima dele, intrometendo-se à força entre ele próprio e o seu Deus.

❧ Capítulo XXIX ❧

É necessário exercitar-se com paciência neste trabalho, sofrer a sua dor e não julgar ninguém.

Por conseguinte, quem desejar atingir a pureza, que perdeu por causa do pecado, e alcançar o bem-estar, em que já não há sofrimento, terá de se exercitar com paciência neste trabalho, suportando a sua dor, quer tenha sido um pecador inveterado quer não.

De todos é exigido esforço neste trabalho, tanto dos pecadores como dos inocentes, que nunca cometeram pecado grave. Mas muito maior esforço é exigido dos que foram pecadores. E isto é perfeitamente razoável.

Contudo, muitas vezes acontece que alguns, outrora pecadores terríveis e inveterados, atingem a contemplação perfeita mais depressa do que ninguém. E isto é um milagre da misericórdia de nosso Senhor, que de modo tão especial concede a sua graça, para admiração de todo o mundo. Eu tenho, pois, verdadeira esperança de que será belo o dia do juízo, quando Deus for visto claramente e todos os seus dons também. Então, alguns dos que agora são desprezados e tidos em pouca ou nenhuma consideração, como reles pecadores, – e quem sabe também um ou outro dos que hoje são realmente pecadores terríveis! – se sentarão, cheios de dignidade, na companhia dos santos, à vista de Deus; enquanto outros que agora parecem muito santos e são honrados pelos homens como anjos – e quem sabe também um ou outro que até à data nunca pecou mortalmente! – se sentarão, cheios de tristeza, entre os demónios do Inferno.

Por tudo isto te é possível verificar que ninguém deve ser julgado nesta vida pelo bem ou pelo mal que fizer. É lícito fazer-se um juízo sobre as acções, mas não sobre as pessoas.

❧ Capítulo XXX ❧
Quem deve criticar e condenar as faltas dos outros.

Mas, então, quem há-de julgar as acções dos homens? Sem dúvida, os que detêm autoridade sobre as almas e cuidam delas. Tal autoridade, se não for conferida publicamente, segundo os estatutos e normas da Santa Igreja, poderá ser comunicada de maneira secreta e espiritual, através de uma inspiração particular do Espírito Santo, recebida em caridade perfeita. Que ninguém, pois, tenha a presunção de criticar e condenar as faltas dos outros, a não ser que sinta de verdade que o Espírito Santo o move interiormente; de outro modo, com muita facilidade poderá errar nos seus juízos. Por isso, tem cuidado. Julga-te a ti próprio como quiseres, perante Deus ou o teu pai espiritual, mas deixa os outros em paz.

✎ Capítulo XXXI ✎

De como o principiante se terá de haver contra todos os pensamentos e impulsos de natureza pecaminosa.

Se já fizeste o que está ao teu alcance para te emendares, segundo as determinações e juízos da Santa Igreja, deves aplicar-te com energia ao trabalho da contemplação. Entretanto, se os actos particulares de outrora – ou qualquer novo pensamento ou impulso de natureza pecaminosa! – teimarem em vir à tua mente, interpondo-se à força entre ti e o teu Deus, eleva-te sem hesitar acima deles, com fervoroso impulso de amor, e calca-os sob os teus pés. Tenta cobri-los com uma espessa nuvem de esquecimento, como se tais actos nunca nesta vida tivessem sido praticados nem por ti nem por ninguém. Se muitas vezes te ocorrerem, abate-os outras tantas; enfim, sempre que se levantarem, procura derrubá-los. E se te parecer que isto implica grande esforço, podes recorrer a artifícios, ardis e finos segredos da arte espiritual, para conseguir afastá-los. Aliás, pela experiência, Deus mesmo te poderá ensinar tais subtilezas bem melhor do que ninguém!

ஃ Capítulo XXXII ஃ

Dois estratagemas espirituais que são uma ajuda para o principiante.

Apesar de tudo, vou dizer-te alguma coisa acerca desta matéria subtil, tal como a vejo. Põe à prova o que digo e faz melhor, se puderes.

Faz o que estiver ao teu alcance para te comportares como se não estivesses ciente de que os pensamentos fazem tão forte pressão sobre ti, intrometendo-se entre ti e o teu Deus. Tenta espreitar – digamos assim – por cima dos ombros deles, à procura dessa outra realidade que é Deus, encerrado na nuvem do não-saber. Se assim fizeres, creio que dentro em breve serás aliviado da tua fadiga. Estou persuadido de que este estratagema, sendo realmente bem compreendido, não é outra coisa senão um desejo intenso de Deus, uma ânsia de O sentir e ver, tanto quanto isso é possível na Terra. Ora, um desejo assim é caridade e sempre merece alcançar alívio.

Mas há ainda um outro estratagema. Experimenta-o, se quiseres. Quando sentires que não te é possível de modo nenhum abater os pensamentos, cai prostrado diante deles, como um pobre cobarde vencido em batalha, e considera que seria loucura lutar mais tempo contra eles. Desta forma é a Deus que te entregas, abandonado nas mãos dos teus inimigos. E importa que te sintas como se estivesses perdido para sempre. Rogo-te que prestes muita atenção a este estratagema, pois julgo que ao experimentá-lo devias liquefazer-te[35] completamente. Não há dúvida, penso eu, de que este estratagema, compreendido com subtileza, não é outra coisa senão a consciência de ti mesmo, tal como és realmente: um ser miserável e imundo, bem pior do que nada. Uma tal consciência é humildade. E esta humildade merece que o próprio Criador desça com seu poder, para te vingar dos teus inimigos, te erguer e carinhosamente enxugar os teus olhos espirituais, como o pai faz ao filho que está prestes a perecer na boca de javalis selvagens ou ursos que mordem enraivecidos.

---

35. Esta mesma metáfora também foi utilizada por outros autores espirituais, para exprimir os efeitos do amor divino. Cf., a título de exemplo, GREGÓRIO MAGNO (*Homiliae in evangelia*, 25,2: PL 76,1191). "*Anima mea liquefacta est, ut* dilectus *locutus* est [Ct 5,6]. Mens namque hominis conditoris sui speciem non quaerentis male dura est, quia in semetipsa remanet frigida. At si ardere jam ex desiderio coeperit ad sequendum quem diligit, liquefacta per ignem amoris currit*" (*A minha alma derreteu-se, como disse* o amado. De facto, a mente do homem que não procura a face do seu Criador endurece miseravelmente, pois permanece gelada em si mesma. Mas se, pelo desejo, começa a inflamar-se, então, derretida por acção do fogo do amor, corre para seguir Aquele que ama).

❧ Capítulo XXXIII ❧

Na contemplação, a alma purifica-se dos seus pecados e do castigo dos mesmos; no entanto, não há repouso perfeito nesta vida.

Não te vou falar em mais estratagemas por enquanto. Se tiveres a graça de experimentar os que já expliquei, creio que tu é que estarás em posição de me ensinar a mim. Com efeito, embora a realidade seja o que é, a verdade é que me julgo com um longo caminho a percorrer. Por isso te peço que me ajudes e trates de te pôr em acção, tanto por ti como por mim.

Continua, pois, e esforça-te seriamente por um tempo, eu te peço. Suporta a dor com humildade, se vires que tardas em ganhar perícia. É isto em verdade o teu purgatório. Mas quando toda a tua dor passar, e Deus te der a perícia que a sua graça tornará habitual, não duvido que estarás limpo não somente do pecado, mas também da sua pena. Refiro-me, evidentemente, ao castigo dos teus pecados pessoais de outrora, e não à pena do pecado original. Esta acompanhar-te-á sempre, até ao dia da tua morte, apesar de todos os teus esforços. É certo que pouco te afligirá, em comparação com o doloroso efeito dos teus pecados pessoais; mas nem por isso ficarás isento de grande fadiga. Com efeito, do pecado original nunca cessarão de brotar renovados impulsos de pecado, que sempre deverás abater e diligentemente cortar, com a espada de dois gumes, terrível e afiada, que é a discrição. Assim podes verificar e compreender que nesta vida não há segurança autêntica, nem tão-pouco repouso verdadeiro.

Contudo e apesar de tudo, não deves retroceder, nem ter demasiado receio da tua falibilidade. Se alcançares a graça de destruir o doloroso efeito das tuas faltas pessoais de outrora – pelo modo acima indicado, ou outro melhor, se fores capaz –, bem podes ter a certeza de que a pena do pecado original, ou os novos impulsos de pecado que surgirem, bem pouco te poderão afligir.

Capítulo XXXIV

Deus dá livremente, e de forma directa, a graça da contemplação, que não se pode alcançar através de nenhum meio.

Se me interrogas acerca dos meios pelos quais hás-de chegar à contemplação, eu rogo a Deus todo-poderoso que, na sua imensa graça e bondade, te queira instruir Ele mesmo. Na verdade, é bom que saibas que eu não te posso dar uma resposta. E isso não te deve surpreender, porquanto a contemplação é obra exclusiva de Deus, que Ele realiza de modo especial em quem Lhe apraz, sem mérito algum da parte da alma. Com efeito, privado da contemplação, nenhum anjo ou santo pode pensar sequer em desejá-la. Ademais, eu creio que nosso Senhor também Se dignará realizar a sua obra – sim!, e até com maior desvelo e assiduidade! – nos que foram pecadores inveterados, privilegiando-os em relação a outros que nunca O desgostaram tão fortemente. E o Senhor assim fará, para que se manifeste a sua misericórdia e omnipotência, e para que se veja que Ele age como Lhe agrada, onde e quando muito bem entende.

Todavia, o Senhor não concede a sua graça, nem realiza a sua obra, na alma que não tenha capacidade para tal. Por outro lado, se a alma estiver privada dessa mesma graça, não terá capacidade para a receber, quer seja uma alma pecadora quer seja uma alma inocente. De facto, essa graça nem é concedida em razão da inocência nem é retida por causa do pecado. Contudo, repara bem que eu digo "retida", não digo "retirada"! Cuidado com os equívocos nesta matéria, eu te peço, pois quanto mais nos aproximamos da verdade tanto mais nos devemos acautelar para não cair no erro. O meu intento é falar com justeza. Se não fores capaz de compreender o que eu digo, deixa-o de lado, até que Deus mesmo venha e te instrua. Procede assim, e não te magoes.

Cuidado com o orgulho, porque blasfema contra os dons de Deus e torna ousados os pecadores. Se tu fosses verdadeiramente humilde, sentirias aquilo mesmo que eu afirmo: que Deus concede livremente a contemplação, sem mérito algum da nossa parte. A natureza da contemplação é tal que a presença dela é que torna a alma capaz de a receber e sentir. E uma tal capacidade não existe sem a mesma contemplação. A capacidade de contemplar está unida à própria contemplação, sem que haja distinções entre uma e outra; de modo que só quem sente a contemplação é capaz dela, e mais ninguém a pode alcançar. Tanto assim que, sem a contemplação, a alma fica como se estivesse morta, e nem sequer a pode cobiçar ou desejar. Com efeito, na exacta medida em que queres e desejas a contemplação, nessa mesma medida a tens: nem mais nem menos. Todavia, não é a vontade nem o desejo, mas antes algo indefinível, que te impele a querer e a desejar o que não consegues definir. E não te preocupes se não estiveres ciente de mais nada, eu te peço. Trata antes de progredir sempre mais, de modo a nunca estares inactivo.

Em suma: deixa esse algo a que me refiro actuar em ti e conduzir-te para onde lhe aprouver. Que ele seja activo, e tu meramente passivo. Olha simplesmente para ele, e deixa-o agir por sua conta. Não te intrometas, como se quisesses ajudá-lo, para que não suceda que deites tudo a perder. Sê tu apenas a madeira, e seja ele o carpinteiro; sê tu apenas a casa, e seja ele o feitor que nela habita. Enquanto isso, torna-te cego e elimina todo o desejo de saber, que será mais um impedimento do que uma ajuda. Basta que te sintas agradavelmente impelido por algo indefinível, e que nesse teu impulso não haja nenhum pensamento em especial acerca de qualquer coisa inferior a Deus, e que a tua intenção se dirija nuamente para Deus.

Se assim acontecer, não hesites em acreditar que é Deus mesmo quem move a tua vontade e o teu desejo. E não tenhas receio do Demónio, que ele não pode aproximar-se tanto. Por mais subtil que seja, o Demónio só poderá mover a vontade de um homem em alguma rara ocasião e através de algum meio remoto. De facto, nem sequer um anjo bom poderá mover a tua vontade de um modo eficaz e directo. Em suma, só quem pode fazer isso é Deus mesmo e mais ninguém.

Assim, estas minhas palavras, que a experiência iluminará, já te farão compreender um pouco que na contemplação não se empregam meios, e não é possível chegar àquela através destes. Todos os meios bons dependem da contemplação, e a contemplação não depende de nenhum meio. Além disso, também não existe nenhum meio que possa conduzir à contemplação.

~ Capítulo XXXV ~

Quem ainda é aprendiz na arte da contemplação deve recorrer a três meios: a leitura, a meditação e a oração.

Todavia, quem ainda é aprendiz na arte da contemplação deve recorrer aos seguintes meios: a leitura, a meditação e a oração. Destes três meios encontrarás a respectiva descrição na obra de outro autor[36], que fala deles bem melhor do que eu; por isso, é desnecessário que eu me detenha a expor aqui as qualidades de cada um deles. Contudo, posso dizer-te o seguinte: estes três meios estão de tal forma ligados entre si, que os principiantes e os discípulos mais adiantados (não me refiro, é claro, aos que já adquiriram a perfeição alcançável nesta vida!) só poderão meditar como convém, se primeiro lerem ou escutarem. (Ler e escutar são, de facto, a mesma coisa: os clérigos lêem os livros, ao passo que os ignorantes "lêem" os sermões dos clérigos, quando os ouvem pregar a palavra de Deus.) Além disso, tanto os principiantes como os discípulos mais adiantados também só poderão orar como convém, se primeiro meditarem. Verás que tudo isto é confirmado pela própria experiência.

A palavra de Deus, escrita ou falada, assemelha-se a um espelho. Os olhos espirituais da tua alma são a tua razão, e a tua consciência é o teu rosto espiritual. Que se verifica então? Assim como tu só poderás detectar a mancha que suja o teu rosto de carne, se tu mesmo a vires reflectida

---

36. GUIGO II. *Scala claustralium*, PL 184, 475-484.

num espelho, ou alguém te disser onde ela está, assim também a tua alma, estando cega pelo hábito do pecado, só poderá ver a mancha que polui a tua consciência, se ela mesma ler ou escutar a palavra de Deus.

Por conseguinte, só depois de encontrar a mancha que tem no rosto é que a pessoa corre à fonte para se lavar. Se a mancha for alguma falta em especial, a fonte será a Igreja, e a água a confissão, com tudo o que ela comporta[37]. Se a mancha for apenas uma raiz secreta de pecado ou um impulso mau, a fonte será Deus misericordioso, e a água a oração, com tudo o que ela comporta.

Desta forma se verifica que tanto os principiantes como os discípulos mais adiantados só poderão meditar como convém, se primeiro lerem ou escutarem; e só poderão orar como convém, se primeiro meditarem.

---

37. O autor talvez queira dizer que na confissão se devem mencionar todas as circunstâncias dos pecados.

~ Capítulo XXXVI ~
Das meditações dos que se exercitam continuamente no trabalho sobre que versa o presente livro.

Mas já o mesmo não acontece em relação aos que continuamente se entregam ao trabalho de que trata o presente livro. As meditações destes são como que intuições súbitas e sentimentos obscuros da própria miséria e da bondade de Deus. Sobrevêm sem que haja necessidade de recorrer à leitura ou à escuta de algo, e sem que seja necessária nenhuma consideração especial de qualquer realidade inferior a Deus. Estas intuições súbitas e estes sentimentos obscuros aprendem-se mais rapidamente de Deus do que dos homens.

Não estou preocupado se, presentemente (sentindo-te impelido pela graça e pela direcção espiritual), não tens outras meditações sobre a tua própria miséria e a bondade de Deus para além daquelas que te podem advir da palavra "pecado"[38] ou da palavra "Deus", ou qualquer outra palavra semelhante que prefiras. Não deves decompor nem analisar estes vocábulos com curiosidade intelectual, procurando investigar as qualidades de cada um deles, como se mediante tal pesquisa pretendesses aumentar a tua devoção. Creio que nunca há-de ser assim, no caso do trabalho a que me refiro. Trata, pois, de tomar as palavras como um todo, e entende por pecado um bloco, que não consegues definir e se identifica contigo próprio. Penso que ao veres

---

38. O termo inglês *sin* é um monossílabo.

o pecado obscuramente, como um bloco identificado contigo próprio, ficarias pior do que um louco que fosse necessário atar de pés e mãos. No entanto, se alguém te observasse, achar-te-ia muito calmo, sem qualquer alteração de comportamento. Quer estivesses sentado ou a andar, deitado ou encostado, de pé ou de joelhos, darias a impressão de te manteres na mais perfeita tranquilidade.

∾ Capítulo XXXVII ∾

Das orações particulares dos que continuamente se entregam ao trabalho sobre que versa o presente livro.

Surgem de repente, sem o auxílio de nenhum meio, não só as meditações, mas também as orações dos que continuamente se entregam à graça da contemplação. Refiro-me às orações particulares que eles fazem, e não às orações estabelecidas pela Santa Igreja[39]. De facto, não há orações que os verdadeiros contemplativos venerem tanto como as da Santa Igreja, e por isso as recitam segundo a forma e disposição que os Santos Padres estabeleceram antes de nós. Contudo, as orações particulares que eles fazem elevam-se de súbito para Deus, sem o auxílio de nenhum meio e sem nenhuma premeditação em especial, que as preceda ou acompanhe.

Se orarem com palavras, o que é raro, serão muito poucas; na verdade, quanto menos, melhor! E se empregarem um curto monossílabo, julgo que será melhor do que um dissílabo e estará mais de acordo com o trabalho do espírito, visto que o operário espiritual deve permanecer sempre no mais elevado e supremo ponto do espírito. Para veres como é verdade o que eu afirmo, repara no seguinte exemplo tirado da natureza. Uma pessoa, atemorizada por qualquer perigo, como a ameaça de um incêndio ou o risco de alguém morrer, ascende subitamente ao topo do seu es-

---

39. As orações prescritas pela Santa Igreja são as que constituem o Ofício Divino ou Liturgia das Horas.

pírito, onde se vê impelida, pela pressa e necessidade, a gritar ou pedir ajuda. E de que modo se exprime? Certamente que dispensa as muitas palavras e nem sequer usa uma palavra de duas sílabas. E por quê? Porque julga que gastaria demasiado tempo a declarar a necessidade e comoção do seu espírito. Por isso, prorrompe em terríveis brados, com grande veemência, e pronuncia uma só palavra de uma sílaba, como seja a palavra "Fogo!"[40] ou a interjeição "Ai!"

Esta curta palavra "Fogo!" atinge melhor e penetra mais rapidamente os ouvidos de quem ouve. E o mesmo também sucede com um curto monossílabo, quando não é apenas pronunciado ou pensado, mas é dito secretamente na profundidade do espírito – que equivale ao cume do espírito (já que no domínio das realidades espirituais é tudo a mesma coisa, altura e profundidade, comprimento e largura). Um monossílabo dito assim penetra mais depressa os ouvidos de Deus omnipotente do que um longo saltério distraidamente engrolado por entre os dentes. Eis a razão por que está escrito que a oração breve penetra os Céus[41].

---

40. O termo inglês *fire* é um monossílabo.
41. Cf. Mt 6,7; Ecl 35,17.

Capítulo XXXVIII
De que modo e por que motivo a oração breve penetra os Céus.

Porque é que penetra os Céus esta breve oração de uma só sílaba? Certamente, porque é proferida com ardor, na altura e na profundidade, no comprimento e na largura do espírito de quem ora. Na altura, porque emprega toda a força do espírito. Na profundidade, porque em uma só sílaba está contida toda a inteligência espiritual. No comprimento, porque enquanto o espírito sentir, nunca deixará de clamar. Na largura, porque o espírito deseja para todos o mesmo que deseja para si próprio. É então que, segundo São Paulo[42], a alma compreende com todos os santos (ainda que de modo imperfeito e incompleto) o que seja o comprimento e a largura, a altura e a profundidade do próprio Deus sempiterno e benigno, todo-poderoso e omnisciente. O comprimento de Deus é a sua eternidade; o seu amor é a sua largura; o seu poder é a sua altura, e a sua sabedoria é a sua profundidade. Não admira, pois, que seja prontamente atendida a alma que a graça tornou assim tão conforme à imagem e semelhança de Deus, seu criador! Sim, ainda que fosse uma alma muito pecadora – isto é, para Deus, como que sua inimiga! –, se a graça a fizesse gritar uma só pequena sílaba, na altura e na profundidade, no comprimento e na largura do espírito, nunca deixaria de ser atendida e ajudada, por causa do terrível alarido que provocaria com semelhante grito.

---

42. Cf. Ef 3,18.

Repara no seguinte exemplo. Se o teu maior inimigo estiver atemorizado, e gritar com toda a força do espírito a palavra "Fogo!" ou a interjeição "Ai!", não levarás em conta que ele é teu inimigo, mas cheio de piedade no coração, que a angústia de tal grito despertou, levantar-te-ás – sim, ainda que seja numa noite de inverno! – e o ajudarás a apagar o incêndio, ou a acalmar-se e sossegar na sua tribulação. Ah, Senhor! Se a graça pode tornar um homem tão compassivo, a ponto de ele ter tanta misericórdia e piedade de um inimigo, não obstante a inimizade, quanto maior piedade não terá Deus de um grito da alma, proferido na altura e na profundidade, no comprimento e na largura do espírito – Ele que possui por natureza tudo o que o homem possui pela graça, e muito mais? Certamente que Deus terá muito mais misericórdia, sem qualquer comparação, porque se uma qualidade pertence à ordem da natureza é sempre mais vincada do que se pertencesse à ordem da graça.

Capítulo XXXIX

De que modo deve orar o operário ideal, e o que é a oração em si mesma; quando se utilizam palavras, quais são as que melhor concordam com a natureza da oração.

Por conseguinte, devemos orar na altura e na profundidade, no comprimento e na largura do nosso espírito. E não com muitas palavras, mas com uma só palavra de uma sílaba.

Que palavra há-de ser esta? Certamente a que estiver mais de acordo com a natureza da oração. E que palavra será esta? Vejamos primeiro o que é a oração, para depois podermos entender mais claramente qual a palavra que melhor concordará com a sua natureza.

A oração nada mais é em si mesma do que uma intenção devota que se dirige para Deus, com o fim de alcançar o bem e afastar o mal[43].

Assim sendo, uma vez que todos os males estão compreendidos no pecado (enquanto são causados por ele ou participam da sua essência), importa que, desejando orar fervorosamente para afastar o mal, nos limitemos a dizer, pensar ou significar única e simplesmente a palavra "pecado". E se quisermos orar fervorosamente para alcançar o bem, importa que gritemos – de boca, pensamento ou desejo – única e simplesmente a palavra "Deus". É que em

---

[43]. Cf. GUIGO II. *Scala claustralium*, 1: PL 184, 476, "Oratio est devota cordis intentio in Deum pro malis amovendis et bonis adipiscendis".

Deus se encontram todos os bens (enquanto são causados por Ele e participam da sua essência).

Não te admires de eu indicar estas duas palavras de preferência a todas as demais. Se eu conhecesse outras palavras mais curtas, que tão completamente como estas encerrassem em si mesmas a totalidade do bem e do mal – ou se Deus me tivesse ensinado a usar quaisquer outras palavras! –, sem dúvida que as teria tomado, pondo de parte as que indiquei. E é isto mesmo que te aconselho a fazer! Não te ponhas a estudar as palavras, pois nunca atingirás o teu objectivo nem chegarás à contemplação, que não se adquire pelo estudo, mas unicamente pela graça. Por conseguinte, não utilizes para orar – embora eu tenha deixado aqui uma sugestão – quaisquer outras palavras para além daquelas que Deus inspira. Mas se Deus te impelir a usar os vocábulos que indiquei, não te aconselho que os ponhas de parte. – Isto, é claro, se quiseres orar com palavras, e não de outro modo! – É que os vocábulos que sugeri são muito curtos.

No entanto, se a brevidade é aqui fortemente recomendada, nem por isso se colocam restrições à frequência na oração. É que, como já disse, a oração é proferida no comprimento do espírito, de modo que nunca deveria cessar antes de obter tudo aquilo por que anseia. Serve-nos uma vez mais de exemplo qualquer pessoa que esteja atemorizada da forma que já disse. De facto, podemos ver que tal homem ou mulher não cessam de gritar a interjeição "Ai!" ou a palavra "Fogo!", enquanto não estiverem salvos da sua aflição.

✧ Capítulo XL ✧

Durante a contemplação, a alma não presta especial atenção nem aos vícios nem às virtudes.

Faz tu o mesmo e enche o teu espírito com o sentido espiritual da palavra "pecado". Mas não prestes particular atenção a nenhuma espécie de pecado, quer seja venial ou mortal: orgulho, ira ou inveja, avareza, preguiça, gula ou luxúria. Que interessa aos contemplativos saber qual é o pecado ou medir a sua gravidade? De facto, eles consideram graves todos os pecados (no momento do seu labor próprio, entenda-se!), pois a menor falta os separa de Deus e lhes rouba a paz espiritual.

Sente o pecado como um bloco, que não consegues definir, mas se identifica contigo próprio. E então grita sem parar: "Pecado, pecado, pecado! Ai, ai, ai!" Este grito espiritual melhor o ensina Deus, através da experiência, do que qualquer ser humano, por meio de palavras. De facto, o melhor é que tal grito seja proferido somente no espírito, sem que se pense em nada de específico e sem que se diga palavra. A menos que, em alguma rara ocasião, da abundância do espírito irrompam palavras, de modo que o corpo e a alma fiquem repletos de tristeza e oprimidos sob o fardo do pecado.

Faz exactamente o mesmo em relação à palavra "Deus". Enche o teu espírito com o sentido espiritual desta breve palavra, e não dês particular atenção às obras de Deus, quer sejam boas, melhores ou óptimas, quer sejam materiais ou espirituais. Além disso, não repares em nenhuma virtude que a graça possa fazer surgir na alma, e não investigues se se trata de humildade ou caridade, paciência ou abstinência, esperança, fé ou temperança, castidade ou pobreza voluntária. Que interessa tudo isso aos contemplativos? Em Deus eles descobrem e experimentam todas as virtudes, pois no Criador se encontra toda a realidade, que é por Ele causada e participa da sua essência. De facto, os contemplativos consideram que, se tivessem Deus, possuiriam todos os bens, e por isso nada mais desejam em especial senão o bom Deus. E tu procede exactamente da mesma forma, tanto quanto a graça o permitir, e busca só a Deus na sua totalidade, de modo que nada mais actue na tua inteligência e na tua vontade para além do próprio Deus.

Enquanto viveres neste mundo miserável, nunca deixarás de sentir de alguma forma um fétido e asqueroso bloco de pecado como que unido e misturado com a substância do teu ser. Por isso, deves alternar entre estas duas palavras – "pecado" e "Deus" –, tendo sempre em mente a seguinte noção geral: se possuísses a Deus, não terias pecado, e se te fosse possível não ter pecado, estarias na posse de Deus.

Capítulo XLI
A discrição deve guardar-se em tudo, menos na contemplação.

Além disso, se me perguntas que discrição hás-de guardar na contemplação, a resposta que te dou é a seguinte: – "Nenhuma!" – Em todas as outras acções deves usar de discrição, e.g. no comer e no beber, no dormir, em proteger o teu corpo dos extremos do calor ou do frio, nas orações ou leituras, nas conversas com o teu semelhante. Em todas estas coisas deves guardar a discrição, para evitar tanto o que é demais como o que é de menos. Mas no trabalho a que me refiro não te deves ater a nenhuma medida, pois gostaria que nunca o interrompesses em nenhum momento da tua vida.

Não estou a dizer que o teu desempenho poderá ser sempre igual, pois isso é impossível. Com efeito, em certas ocasiões, a doença, as indisposições do corpo e da alma, e as inúmeras exigências da natureza, constituirão outros tantos obstáculos, que não raro te farão descer das alturas da contemplação. O que eu pretendo dizer, no entanto, é que sempre deves praticar a contemplação de alguma forma, ou seja: se não de facto, ao menos de intenção. Assim, por amor de Deus, acautela-te das enfermidades como bem puderes, de modo que, quanto possível, não sejas tu mesmo a causa da tua debilidade. E que em verdade te digo, a contemplação exige uma tranquilidade muito grande, bem como uma disposição perfeitamente saudável e pura tanto do corpo como da alma.

Assim, por amor de Deus, rege-te pela discrição no que diz respeito ao corpo e à alma, e procura conservar-te de boa saúde. Se a doença sobrevier, apesar dos teus esforços, sê paciente e aguarda humildemente que Deus tenha compaixão de ti. E então tudo estará bem. É que em verdade te digo, frequentemente a paciência nas enfermidades e tribulações é muito mais agradável a Deus do que qualquer devoção em que te possas comprazer, enquanto gozas de boa saúde.

Capítulo XLII

Mediante a falta de discrição na contemplação é que se há-de guardar a discrição em tudo o mais.

Mas talvez me perguntes como é que hás-de guardar a discrição no comer, no dormir e em todos os outros actos do mesmo género. A isto te respondo com muita brevidade: – "Aceita o que se apresentar diante de ti." – Aplica-te ao trabalho de que falo, sem pausa nem discrição, e saberás começar e acabar tudo o mais com grande discrição. De facto, se uma alma perseverar na contemplação dia e noite, sem discrição, creio que nunca se poderá enganar nos seus actos exteriores; mas se não perseverar assim, julgo que sempre se enganará.

Por conseguinte, se eu prestasse uma atenção vigilante e aturada à actividade contemplativa da minha alma, deixaria de me preocupar com o comer e o beber, o dormir e o falar, e todos os demais actos exteriores. Efectivamente, estou em crer que o que me faria chegar à discrição em tais actos externos seria a indiferença em relação a eles, e não a atenção cuidada que lhes dispensasse, como se quisesse impor-lhes limites. Na verdade, nunca teria êxito mediante uma tal atenção, por mais esforços que envidasse e por mais palavras que dissesse. Digam o que disserem, a experiência dá o seu testemunho. Por isso, eleva o teu coração, com cego impulso de amor, e tem presente ora o pecado, ora Deus. Desejas possuir a Deus e queres livrar-te do pecado. O que te falta é Deus, e o que tens de certeza é o pecado. Que o bom Deus te ajude, pois agora bem precisas!

∾ Capítulo XLIII ∾

Quem quiser experimentar a contemplação perfeita terá de perder a consciência do seu próprio ser.

Vela para que só Deus e nada mais opere na tua inteligência e na tua vontade. Tenta destruir a consciência das realidades inferiores a Deus, as quais deves afastar para muito longe, calcando-as sob a nuvem do esquecimento. Entende bem que, no trabalho de que falo, não te deves limitar a esquecer as outras criaturas, as suas obras e os teus actos, mas também te deves esquecer de ti mesmo e de tudo o que fizeste por causa de Deus. De facto, é próprio do perfeito amante não só amar o objecto do seu amor mais do que a si mesmo, mas também como que odiar-se a si mesmo, por causa daquilo que ama.

Assim hás-de proceder de ti para contigo: sentirás aversão pelas realidades que actuarem na tua inteligência e na tua vontade, se forem algo distinto de Deus. É que tais realidades se situam entre ti e o teu Deus. E de modo nenhum surpreende que abomines pensar em ti mesmo, pois sempre sentirás o pecado como um bloco asqueroso e fétido, que não consegues definir, mas se ergue entre ti e o teu Deus, e se identifica contigo próprio. Com efeito, há-de parecer-te que um tal bloco está unido e misturado com a substância do teu ser, como se fosse inseparável dela.

Por conseguinte, desfaz-te da consciência de toda a espécie de criaturas, e liberta-te sobretudo da consciência de ti mesmo. É que da consciência de ti mesmo depende a consciência das restantes criaturas, pois em comparação contigo, todas as demais criaturas se esquecem facilmente.

De facto, se quiseres pôr-te à prova com diligência, verificarás que, depois de teres esquecido todas as demais criaturas e as suas obras – e, além disso, os teus próprios actos! –, ainda te restará, interposta entre ti e o teu Deus, uma consciência nua do teu próprio ser. Ora, também esta deve ser destruída, pois antes disso não te será possível experimentar a contemplação perfeita.

Capítulo XLIV
De que modo a alma se deve dispor para destruir a consciência do seu próprio ser.

Mas agora perguntar-me-ás como te será possível destruir a consciência nua do teu próprio ser. Talvez julgues que, se a destruísses, destruirias todos os demais obstáculos – o que é sem dúvida uma ideia correcta! Todavia, eu declaro que sem uma graça muito especial, concedida por Deus livremente, e sem a capacidade para receber essa mesma graça, nunca chegarás a destruir a consciência nua do teu próprio ser.

A capacidade de que falo nada mais é do que uma profunda e intensa dor espiritual – que, no entanto, também exige discrição! Assim, ao experimentar essa dor, terás cuidado para não forçar demais nem o corpo nem o espírito, e tratarás de permanecer sentado tranquilamente, como se estivesses a dormir, vencido pelo cansaço das lágrimas e mergulhado em tristeza. Esta é a verdadeira dor, esta é a dor perfeita, feliz de quem a alcançar!

Todos têm as suas mágoas, mas quem sente maior desgosto é quem está consciente de existir. Qualquer outro sofrimento, comparado com a consciência de existir, é como uma brincadeira de crianças. Bem se pode entristecer a sério, não quem se apercebe daquilo que é, mas antes quem está consciente de existir. E quem nunca conheceu esta dor, bem se pode condoer deveras, pois ainda não experimentou a dor perfeita.

Uma tal dor purifica a alma e livra-a do castigo que merece por causa do pecado. Além disso, também capacita a alma para receber aquela alegria em que o homem perde totalmente a consciência do seu próprio ser. A dor de que falo, se for bem concebida, estará cheia de um desejo santo, pois de outro modo ninguém deste mundo a poderia aguentar. E digo isto porque, se a alma não achasse um certo conforto na sua boa prática, nunca seria capaz de suportar a pena que a consciência do seu próprio ser lhe provoca. Com efeito, o que normalmente acontece é o seguinte: quando um homem quer alcançar um autêntico conhecimento de Deus em pureza de espírito (tanto quanto isso é possível neste mundo!), logo se apercebe de que não é capaz, pois encontra a sua consciência como que ocupada e preenchida com o bloco asqueroso e fétido que é ele mesmo. Ora, este bloco ele sempre terá que o odiar, desprezar e abandonar, se quiser ser um discípulo perfeito, instruído pelo próprio Deus no monte da perfeição[44]. Por isso, quase endoidece de tristeza! Tanto assim que chora e geme, luta, vocifera e pragueja. Numa palavra, considera-se um fardo tão pesado para si mesmo que não se importa com a sua sorte, contanto que Deus seja servido. Na sua dor, porém, um tal homem não quer deixar de existir, porque um desejo desses seria loucura do Demónio e desprezo de Deus. Portanto, ele sente-se muito feliz por existir e dá graças a Deus de todo o coração pelo dom precioso da sua vida, embora continuamente deseje não ter consciência do seu próprio ser.

Toda alma deve experimentar em si mesma esta dor e este desejo, da forma que expliquei ou de outro modo. E isto Deus o concede aos seus discípulos espirituais, instruindo-os como Lhe apraz e segundo a capacidade que eles revelam no corpo e na alma, em grau e temperamento. Assim, um dia, eles poderão unir-se plenamente a Deus em caridade perfeita – mas só aquela que é possível alcançar neste mundo, por concessão divina!

---

44. Um dos tipos do contemplativo é Moisés no Monte Sinai, cf. do capítulo LXXI ao LXXIII.

Capítulo XLV
Explicação de alguns enganos.

Entretanto, devo dizer-te o seguinte: um jovem discípulo, ainda pouco experimentado, pode enganar-se com muita facilidade. E se não se acautelar logo de início, de modo que a graça de Deus o faça parar e submeter-se humildemente à direcção espiritual, talvez chegue a arruinar as forças físicas e a cair em alucinações espirituais. E tudo isso se deve ao orgulho, às paixões da carne e à curiosidade intelectual.

Eis como este género de engano pode ocorrer: imaginemos um jovem ingressado de fresco na escola da devoção. Ali lhe falam de uma dor e de um anseio; ali lhe dizem que eleve o coração para Deus e continuamente deseje sentir o seu amor. Entrando logo em especulações, este jovem entende as palavras que ouve, não em sentido espiritual, como devia, mas em sentido físico e material. Começa, então, a violentar o coração dentro do peito. Assim, faltando-lhe a graça, por sua culpa, e deixando-se arrastar pelo orgulho e a curiosidade, ele força as próprias veias e energias físicas de forma tão animalesca que depressa cai no cansaço e numa espécie de lassidão de corpo e alma (o que faz com que se volte para o exterior, à procura de uma vã consolação carnal, para recreio do corpo e do espírito). E se tal não acontece, ele sofre as merecidas consequências, não só da sua própria cegueira, mas também da subida de temperatura que ele mesmo provoca em seu organismo, durante uma prática que nada tem de espiritual. Nesse caso, o peito se lhe inflama com um ardor antinatural, causado pelo desgoverno do corpo ou por uma prática ilusória. Quando não é o próprio Demónio, seu inimigo, que nele gera um falso calor, causado pela soberba, as paixões da carne e a curiosidade intelectual!

No entanto, talvez o nosso jovem imagine que se trata do fogo do amor, que a graça e a bondade do Espírito Santo acenderam. Ora, deste engano e das suas ramificações surgem numerosos males: muita hipocrisia, graves heresias e incontáveis erros. Com efeito, a uma impressão errónea sucede uma falsa ciência, aprendida na escola do Demónio, tal como à experiência autêntica sucede um conhecimento verdadeiro, alcançado na escola de Deus. É que em verdade te digo: o Diabo tem os seus contemplativos, do mesmo modo que Deus também tem os seus. A ilusão resultante de uma impressão errónea e de uma falsa ciência reveste formas variadas e estranhas, segundo os diversos estados e as condições particulares daqueles que se iludem. Por outro lado, esta mesma variedade caracteriza a experiência autêntica e o conhecimento verdadeiro daqueles que se salvam.

Nesta obra, eu limito-me a expor as ilusões em que poderás cair, se te dedicares ao trabalho de que venho falando. Na verdade, qual seria o teu proveito se ficasses a saber de que modo se enganam os grandes sábios, ou as pessoas que se encontram num grau diferente do teu? Certamente que nada disso te seria útil. Portanto, eu só falarei do que te diz respeito. E assim deixo-te estes apontamentos, para que trates de te acautelar, se alguma ilusão te acometer.

～ Capítulo XLVI ～

Como evitar as ilusões. A contemplação exige mais fervor de espírito do que energia física.

Assim, por amor de Deus, tem cuidado e não forces o coração dentro do peito, com violência ou desmesuradamente. Prefere a perícia à força bruta, pois a tua prática será tanto mais humilde e espiritual quanto mais a realizares com fervor, e será tanto mais corpórea e animal quanto mais recorreres à violência. Trata, pois, de ter cuidado! Sem dúvida, todo o coração animal que se atrever a tocar a alta montanha da contemplação será apedrejado![45] As pedras são duras e secas por natureza, e causam viva dor onde nos atingem. Ora, o mesmo se diga dos esforços violentos: são muito duros, porque estão presos à carnalidade das sensações corporais, e são muito secos, porque o orvalho da graça nunca os humedece; além disso, ferem vivamente a pobre alma, fazendo-a supurar fantasias que foram inventadas pelos demónios. Por conseguinte, evita com cuidado uma tal violência animalesca, e aprende a amar fervorosamente, com suave e digna compostura, tanto do corpo como da alma. Aguarda humilde e cortesmente a vontade de nosso Senhor, e não te precipites como um cão guloso, por mais que a fome te atormente. Falando agora como se estivesse a brincar, recomendo-te que faças o que estiver ao teu alcance para refrear a violenta agitação do teu espírito; tal qual como se não quisesses que Deus se

---

45. Cf. Hb 12,20; Ex 19,13.

desse conta de quanto O desejas ver, e de quanto O desejas ter ou sentir!

Pensarás, porventura, que as minhas palavras são uma brincadeira pueril. Mas eu creio que, se alguém tivesse a graça de experimentar o que eu digo, sentiria que Deus se diverte a brincar com a sua criatura, como um pai brinca com o seu menino, dando-lhe beijos e abraços, para o fazer feliz.

❧ Capítulo XLVII ❧

A contemplação na pureza de espírito. Não devemos manifestar o nosso desejo a Deus do mesmo modo que o manifestamos a um ser humano.

Não te surpreendas com a minha linguagem pueril, que parece tola e insensata. Tenho certas razões para falar assim; além disso, creio que já várias vezes senti e pensei estas coisas, que ensinei a outros amigos especiais no Senhor, do mesmo modo que agora as explico a ti.

Eis uma das razões pelas quais te peço que ocultes os anseios do teu coração: tenho esperança de que será este ocultamento, e não qualquer outra forma de manifestação, que dará a Deus um conhecimento mais claro do teu desejo; e isso não só para teu proveito, mas também para que se cumpra esse mesmo desejo. E outra razão é a seguinte: eu queria que esta manifestação oculta te fizesse passar da rudeza das sensações corporais à pureza e profundidade dos sentimentos espirituais. Deste modo serias ajudado a atar o nó de um amor ardente entre ti e o teu Deus, em união espiritual e consonância de vontades.

Tu sabes bem que Deus é espírito, e quem quiser unir-se a Ele deve fazê-lo na verdade e profundidade do espírito, longe de toda a realidade material enganadora[46]. É certo que Deus conhece todas as coisas, e nada do que é material ou espiritual se pode ocultar à sua omnisciência. Todavia, visto que Deus é espírito, a realidade que está escondida

---

46. Cf. Jo 4,24.

na profundidade do espírito é-Lhe mais claramente conhecida e manifesta do que a realidade que se encontra misturada com algum elemento material. Efectivamente, por lei da mesma natureza, a realidade material está mais afastada de Deus do que a realidade espiritual. Por esse motivo, o nosso desejo andará mais longe de Deus, quando estiver misturado com alguma espécie de materialidade (é o que sucede ao forçarmos simultaneamente o corpo e o espírito!); mas estará mais próximo de Deus, quando surgir devoto e fervoroso, na tranquilidade, pureza e profundidade do espírito.

Assim já podes entrever por que motivo é que eu recomendo, de modo tão pueril, que escondas o ímpeto do teu desejo. Não quero que pura e simplesmente o dissimules, pois seria loucura pedir-te o impossível. Proponho, no entanto, que faças o que estiver ao teu alcance para o ocultar aos olhos de Deus. E por quê? Naturalmente, porque pretendo que mergulhes o impulso do teu desejo na profundidade do espírito, para assim o afastares de todo contágio da materialidade, que o torna menos espiritual e o distancia de Deus. De resto, não duvido que quanto mais espiritual for a tua alma, menos misturada andará com a realidade material; além de que estará mais próxima de Deus, mais perfeitamente Lhe agradará e mais claramente será vista por Ele. É certo que Deus nunca vê melhor ou pior determinado objecto, pois a sua visão das coisas é imutável. Todavia, eu afirmo que Deus verá melhor a tua alma, porque esta será mais semelhante a Ele quando tu atingires a pureza de espírito, uma vez que Deus é espírito.

Há ainda outra razão pela qual te peço que ocultes o mais possível o teu desejo. De facto, tu e eu, e muitos outros como nós, somos tão propensos a tomar em sentido material uma coisa que é dita em sentido espiritual, que se eu te pedisse que revelasses a Deus os impulsos do teu coração, tu provavelmente os manifestarias de forma sensível, por gestos, pela voz e em palavras, ou por qualquer outro esforço físico, tal qual como se pretendesses revelar a outra pessoa algo que estivesse oculto no teu coração. A tua prática, porém, seria impura. É que uma realidade não se manifesta a Deus da mesma forma que se dá a conhecer a um ser humano.

Capítulo XLVIII

Deus quer que O sirvamos com todo o nosso ser, e nos recompensará tanto no corpo como na alma. Como se há-de saber se são boas ou más as melodias e doçuras que invadem o corpo durante a oração.

Não digo isto para te impedir de rezar com os lábios, nem para me opor a que, cheio de piedosa devoção, fales a Deus como a um ser humano, exclamando, por exemplo: – "Bom Jesus! Belo Jesus! Doce Jesus!" – Não, Deus te livre de interpretar assim as minhas palavras! Não quero dizer nada disso! E Deus me livre de separar o que Ele mesmo uniu, ou seja: o corpo e o espírito. Deus quer que O sirvamos de corpo e alma, como é nossa obrigação, e na bem-aventurança celeste Ele nos recompensará tanto no corpo como na alma.

Aliás, adiantando já alguma coisa do prémio futuro, Deus livremente se compraz em inflamar o corpo dos seus servos piedosos com extraordinária doçura e admiráveis consolações. E alguns destes fenómenos não invadem o nosso corpo a partir de fora, entrando pelas janelas dos sentidos; surgem antes no mais íntimo de cada um de nós, onde brotam da alegria espiritual superabundante e da autêntica devoção do nosso espírito. Ora, tais consolações e doçuras não se devem considerar suspeitas. Numa palavra, julgo que quem as experimentar nunca as poderá considerar duvidosas.

Mas quanto às demais consolações, melodias, alegrias e doçuras, que provêm subitamente do exterior, sem que tu saibas donde, peço-te que as consideres suspeitas. É que tanto podem ser boas como más. Se forem boas, um anjo as produz; se forem más, um Demónio as engendra. De qualquer modo, nunca serão más, se tu, procedendo tal qual te ensinei – ou de outra forma melhor, se fores capaz! –, tratares de eliminar as ilusões provenientes não só da curiosidade intelectual, mas também dos esforços violentos do coração carnal. E por que razão digo isto? Sem dúvida, porque, nesse caso, a tua consolação será causada por devotos impulsos de amor, que apenas subsistem no espírito. Tais impulsos são produzidos pela acção de Deus todo-poderoso, sem recurso a nenhum meio; por isso, necessariamente se situam muito para além de qualquer fantasia ou opinião falsa que possam iludir um ser humano nesta vida.

A respeito de como hás-de avaliar as outras consolações, melodias e doçuras, não te direi nada neste momento. Penso que é desnecessário abordar tal assunto, porque vem tratado na obra de outro autor, que fala dele mil vezes melhor do que eu[47]. Aliás, tudo o que eu ensino aqui, também ele o explica muito melhor. Mas nem por isso deixarei de satisfazer o desejo e impulso do teu coração, que outrora me revelaste por palavras, e agora me dás a conhecer em teus actos.

Uma coisa te posso dizer acerca das melodias e doçuras que entram pelas janelas dos sentidos: entrega-te constantemente ao amor cego, devoto e fervoroso de que venho falando, e estou certo de que ele te revelará se tais fenómenos são bons ou maus. E mesmo que inicialmente fiques um pouco surpreendido, por te serem desconhecidos, o amor de tal forma dominará o teu coração que serás incapaz de lhes dar pleno crédito. Assim, aguardarás até que te sejam confirmados interiormente, pelo Espírito de Deus, ou até que te sejam ratificados exteriormente, pelo conselho de um pai espiritual dotado de eminente discrição.

---

47. Cf. WALTER HILTON. *The Scale of Perfection*, I,10-11.

Capítulo XLIX

A substância de toda a perfeição nada mais é do que uma boa vontade. Em relação a esta, dir-se-ia que as consolações, melodias e doçuras que se podem experimentar na vida presente são meros acidentes.

Peço-te, pois, que sigas fervorosamente o impulso humilde do teu coração: ele será o teu guia na vida presente e te conduzirá à bem-aventurança eterna. Nesse impulso de amor se encontra a essência de todo o bem viver, e sem ele nenhuma boa obra se pode iniciar ou terminar. Tal impulso nada mais é do que uma boa vontade unida à de Deus; uma espécie de satisfação e alegria que experimentas na vontade, por tudo o que Ele faz.

Semelhante boa vontade é a própria substância de toda a perfeição. Em relação a ela, dir-se-ia que todas as consolações e doçuras, corporais e espirituais, não passam de acidentes[48], por mais santas que sejam; e todas elas não dependem senão desta boa vontade. Dou-lhes o nome de acidentes, porque podem existir ou não, sem que a boa vontade se ressinta. Reporto-me, evidentemente, à vida deste mundo, e não à bem-aventurança celeste, pois aí as consolações e doçuras estarão indissoluvelmente unidas à sua substância, tal como o corpo em que operam estará unido à alma. Assim, a substância de todas as consolações e doçuras, na vida presente, é apenas uma boa vontade espiri-

---

48. Segundo a filosofia escolástica, a substância é a natureza essencial, e os acidentes são as qualidades não-essenciais.

tual. E, sem dúvida, quem experimentar tal perfeição – na medida do possível neste mundo! – de bom grado renunciará a toda e qualquer consolação e doçura, se for essa a vontade de Deus.

Capítulo L

O que é o amor casto. Alguns raramente experimentam consolações sensíveis, enquanto outros as obtêm com muita frequência.

Assim já podes ver que devemos concentrar toda a nossa atenção no humilde impulso de amor que se manifesta na nossa vontade. Para com as outras doçuras e consolações, tanto corporais como espirituais, por mais santas e agradáveis que sejam, devemos cultivar (se assim me posso exprimir!) uma espécie de indiferença. Se te sobrevierem, acolhe-as; mas não lhes dês demasiada importância, para não te debilitares, pois desgastarás as tuas energias, se te quedares longo tempo em doces sentimentos e lágrimas. Além disso, talvez passes a amar a Deus por causa de tais fenómenos. Descobrirás em ti esse mal, se lastimares demais a falta deles! E, nesse caso, o teu amor não será casto nem perfeito. De facto, um amor casto e perfeito aceita que o corpo seja nutrido e consolado por doces sentimentos e lágrimas; todavia não se queixa, antes se mostra contente, quando tais dons lhe falecem por vontade de Deus.

As consolações e doçuras de que falo são concedidas frequentemente a alguns, enquanto outros raramente as experimentam. E tudo isto é disposto e ordenado por Deus, tendo em vista o proveito e as necessidades das diferentes criaturas. Com efeito, certas pessoas são fracas e delicadas de espírito, e se não fossem reconfortadas com doçuras, não poderiam de modo nenhum suportar as diversas provas com que os inimigos corporais e espirituais as torturam. Além disso, há igualmente pessoas que são fracas de corpo, e não podem fazer grandes penitências para se purificarem: a estas a graça de nosso Senhor as purificará espiritualmente, por meio de doces sentimentos e lágrimas. Por último e em contrapartida, há também pessoas que são fortes de espírito: estas encontram suficiente consolação no íntimo da alma, quando oferecem um reverente e humilde impulso de amor, que é adesão à vontade de Deus; por isso, não têm muita necessidade de ser sustentadas por doces consolações sensíveis. Quais destas pessoas são mais santas e agradáveis a Deus, só Ele próprio o sabe, e não eu!

Capítulo LI

Deve-se ter muito cuidado para não interpretar em sentido material o que se deve entender em sentido espiritual, especialmente a palavra "em" e a palavra "acima".

Por conseguinte, abandona-te humildemente ao cego impulso de amor que surge no teu coração. Não me refiro ao teu coração de carne, mas ao teu coração espiritual, que é a vontade. Além disso, guarda-te de conceber materialmente o que é dito em sentido espiritual. É que em verdade te digo: as ideias carnais e materiais dos que têm uma inteligência curiosa e imaginativa são a causa de muitos erros.

Repara, por exemplo, que eu te pedi que fizesses o possível por esconder de Deus o teu desejo. Se eu te tivesse sugerido o contrário, porventura a tua interpretação das minhas recomendações teria sido mais materialista do que é agora, altura em que reitero o meu pedido. Com efeito, tu bem sabes que tudo o que se oculta voluntariamente é lançado na profundidade do espírito.

Julgo, pois, que deves ser muito cauteloso no modo de interpretar as palavras que se empregam com uma intenção espiritual, para que as possas compreender no sentido que lhes é próprio. E em especial é bom que tenhas cuidado com a palavra "em" e a palavra "acima", pois creio que a má interpretação destes vocábulos é causa de muitos erros e ilusões para quantos desejam tornar-se contemplativos. O meu conhecimento desta matéria provém um pouco da experiência e outro pouco do que ouvi dizer, e acerca destes enganos gostaria de te comunicar alguma coisa do que penso.

Imaginemos um jovem discípulo que recentemente abandonou o mundo para entrar na escola de Deus. Tendo-se entregado durante breve tempo à oração e à penitência, segundo os conselhos recebidos em confissão, já se julga capaz de dar os primeiros passos na contemplação. Assim, quando lê ou escuta alguma coisa acerca de tal prática, e toma conhecimento de que "deve entrar em si mesmo" ou "elevar-se acima de si mesmo", imediatamente a cegueira da alma, as paixões da carne e a curiosidade natural o fazem interpretar mal estas expressões; e porque descobre em si mesmo uma atracção natural pelas realidades místicas, julga que é chamado pela graça à contemplação. Tanto assim que, se o director espiritual discorda, o jovem discípulo fica ressentido, e pensa – chegando talvez a dizê-lo aos que são como ele! – que não consegue encontrar ninguém que o compreenda. Temos, então, que a temeridade e a arrogância de uma inteligência curiosa o fazem abandonar prematuramente a oração humilde e a penitência, e o levam a entregar-se ao que julga ser um exercício interior plenamente espiritual. Mas tal exercício, bem vistas as coisas, não é corporal nem espiritual. Numa palavra, trata-se de uma prática antinatural, que tem o Demónio por seu principal agente. É o caminho mais rápido para a morte do corpo e da alma, porque é loucura e não sabedoria, e conduz o homem à demência. Todavia, o jovem discípulo não pensa assim, pois pretende cuidar só em Deus e nada mais.

~ Capítulo LII ~

De que modo os jovens presunçosos entendem a palavra "em"; das ilusões que daí resultam.

Eis como se origina a loucura de que falo: os jovens discípulos tomam conhecimento de que devem interromper a actividade exterior dos sentidos e trabalhar interiormente; mas como não sabem o que é um exercício interior, cometem erros. Com efeito, dirigem os sentidos físicos para o próprio corpo, de modo antinatural, e começam a forçá-los, como se pretendessem não só ver e ouvir, mas também cheirar, saborear e sentir, no interior de si mesmos. Assim subvertem a ordem natural e, levados pela curiosidade, trabalham a imaginação com tão pouca prudência que acabam por arruinar o próprio cérebro. O Demónio ganha então poder para forjar alguma luz falsa ou algum som. Enche-lhes o nariz com doces perfumes, e a boca com deliciosos paladares. Fá-los sentir calores estranhos no peito ou nas entranhas, nas costas, nos rins e nos membros privados.

Contudo, no meio destas fantasias, eles julgam que repousam na contemplação[49] de Deus, livres de quaisquer pensamentos vãos. E não há dúvida que assim é de certo modo, pois estão de tal forma mergulhados no erro, que a vaidade nem sequer os pode afectar. E por quê? Porque o Demónio, que lhes subministraria pensamentos

---

49. Só nesta passagem é que traduzimos a palavra *mind* por contemplação, cf. nota 9.

vãos, se eles estivessem no bom caminho, é também o principal agente do exercício a que se devotam. E tu bem sabes que ele não quer pôr entraves a si mesmo. Não quer afastar deles a lembrança de Deus, com receio de ser objecto de suspeitas.

✤ *Capítulo LIII* ✤

Dos diversos comportamentos indignos que se encontram nos falsos contemplativos.

Os que se deixam levar por este género de falsidades têm muitos comportamentos estranhos, que não se encontram nos verdadeiros discípulos de Deus. De facto, estes conservam sempre o decoro nas atitudes corporais e espirituais. Mas já o mesmo não sucede com aqueles. Com efeito, quem quiser ou puder observá-los, no momento em que estão sentados, verá que, se tiverem as pálpebras abertas, conservam o olhar fixo, como se fossem loucos, e riem absurdamente, como se vissem o Demónio. Aliás, é bom que tenham cuidado, porque o Mafarrico não anda longe! Alguns reviram os olhos, como se fossem ovelhas tontas, picadas no cérebro, que estivessem na iminência de morrer. Outros entortam a cabeça, como se tivessem algum verme nos ouvidos. Alguns piam baixinho, em vez de falar, como se lhes faltasse o sopro do espírito: é assim que se comporta o hipócrita! Outros berram e guincham, com a ânsia de dizer o que pensam: é assim que se comportam os hereges e aqueles que, com presunção e subtileza, defendem opiniões erradas!

Tais opiniões dão origem a uma série de comportamentos desordenados e indignos, que qualquer um poderia identificar. Contudo, há indivíduos tão sagazes que sabem controlar-se lindamente quando se apresentam em público. Mas se fosse possível observar tais homens onde eles se encontram à vontade, creio que nada ficaria oculto. Mais ainda: julgo que, se alguém os contradissesse de caras, logo os veria perder a calma. E, no entanto, eles pensam que fazem tudo por amor de Deus e com vista a defender a verdade. Ora, a mim quer-me parecer que, se Deus não realizar um milagre misericordioso que os faça parar imediatamente, por tão longo tempo O hão-de amar à sua maneira que acabarão por cair nas garras do Demónio, completamente enlouquecidos. Não quero dizer que o Diabo tenha na Terra um servo tão perfeito que esteja infectado e iludido com todas as fantasias que enumero aqui – muito embora talvez haja algum, ou até vários, a quem não falte nenhuma delas! O que afirmo, no entanto, é que o Demónio não tem no mundo nenhum hipócrita ou herege perfeito que não seja culpado de algumas coisas que já referi, ou de outras coisas que hei-de referir ainda, se Deus me conceder a sua graça.

Na verdade, alguns são tão ridículos no seu comportamento exterior que, para ouvirem alguma coisa, torcem a cabeça de forma estranha, levantam o queixo e abrem muito a boca, como se houvessem de usá-la em vez dos ouvidos. Outros, para dizerem umas quantas palavras, não cessam de apontar, ora para os dedos, ora para si mesmos, ora para aquele com quem estão a falar. Alguns não conseguem ficar tranquilos em nenhuma posição, sem estarem a mexer com os pés ou a fazer alguma coisa com as mãos. Outros remam com os braços enquanto falam, como se tivessem de atravessar a nado um grande rio. Outros ainda estão sempre a rir a cada palavra que dizem, como se fossem meninas namoradeiras ou palhaços sem compostura. Todavia, o autêntico decoro manifesta-se num porte sóbrio e grave, aliado a uma atitude jovial!

Não quero dizer que haja pecado grave em todos estes comportamentos, ou que todos os que agem desta forma sejam grandes pecadores. O que eu digo é que, se tais comportamentos desordenados e indignos dominam uma pessoa a ponto de ela não ser capaz de os abandonar quando deseja, são sintomas de orgulho e curiosidade intelectual, exibicionismo e excessiva ânsia de saber. E em especial são autênticos sinais de instabilidade de coração e inquietude mental, e denotam ausência do trabalho que vem sendo explicado neste livro. Esta é, portanto, a única razão pela qual eu apresento aqui uma tão grande série de ilusões: por elas é que o operário espiritual há-de avaliar o seu progresso.

Capítulo LIV

Graças à contemplação, o homem é capaz de se comportar com dignidade e sabedoria.

Quem possui o dom da contemplação porta-se com toda a dignidade e, dominando o corpo e a alma, torna-se muito atraente aos olhos de quem o observa. Aliás, se a criatura mais antipática deste mundo tiver a graça de alcançar esse dom, verá que a sua sorte se modifica de repente. De facto, toda a pessoa boa se alegrará com a sua companhia, e ficará convencida de que a sua presença lhe comunica paz de espírito e a aproxima de Deus.

Assim, procura adquirir a contemplação, se fores bafejado pela graça, pois quem possuir esse dom será senhor de si mesmo e exercerá domínio sobre tudo o que lhe pertence. Tal homem saberá discernir, em caso de necessidade, o carácter e o temperamento de qualquer tipo de pessoa. Além disso, sem cair em pecado, conseguirá adaptar-se a quantos se relacionam com ele, mesmo que se trate de pecadores inveterados. Tal poder de adaptação será motivo de espanto para aqueles que o observam e, com o auxílio da graça, servirá para atrair outros homens ao trabalho espiritual em que ele mesmo se exercita.

Tudo num contemplativo revela sabedoria espiritual. As suas palavras e atitudes são fervorosas, e produzem muito fruto. A sua linguagem é sóbria e veraz. Nele não há falsidade, e não adere às imposturas dos hipócritas. Há pessoas, no entanto, que, com todas as energias interiores e exteriores, procuram fortalecer-se e firmar-se por todos os lados, de modo a evitar qualquer deslize. Esses murmuram palavras humildes, com muitos gestos piedosos, e põem mais cuidado em parecer santos à vista dos homens do que em ser justos diante de Deus e dos seus anjos. Ficam muito pesarosos com um gesto descontrolado ou uma palavra infeliz pronunciada diante dos homens, mas pouco se perturbam com mil pensamentos vãos e outros tantos impulsos maus, que voluntariamente acolhem em si mesmos, quando não os regurgitam na presença de Deus, dos santos e dos anjos do Céu. Ah!, Senhor Deus, quanto orgulho não existirá onde abundam as palavras melífluas! É com certeza digno e justo que os que são verdadeiramente humildes adoptem a linguagem e o comportamento exterior que estejam mais de acordo com a humildade existente no íntimo do seu coração. Mas isso não significa que devam falar com uma vozinha débil e embargada, que nada tem de natural! De facto, se as palavras forem verdadeiras, serão proferidas com sinceridade, e com voz firme e resoluta. E se alguém, que tenha uma voz forte e clara por natureza, falar muito baixinho (sem que esteja doente ou em diálogo íntimo com Deus ou o seu confessor), podemos ver nisso um autêntico sinal de hipocrisia, seja qual for a idade da pessoa em questão!

Que mais direi acerca destas ilusões perniciosas? Não há dúvida que é necessário o auxílio da graça para renunciar às afectações da hipocrisia. E se Deus não intervier, eu julgo que a pobre alma, vendo-se retalhada entre as palavras humildes e o orgulho secreto do coração, não tardará a cair na tristeza.

~ Capítulo LV ~

De como se enganam os que se deixam levar pelo zelo do espírito e condenam o pecado sem discrição.

Há alguns homens que o Demónio engana do seguinte modo: inflama-lhes o cérebro prodigiosamente, estimulando-os a guardar a lei de Deus e a destruir o pecado em toda a gente. A estes nunca os tenta com algo claramente mau. Antes os faz agir como se fossem prelados zelosos, que velam sobre todo o género de cristãos, da mesma forma que um abade vigia sobre os seus monges. Tais homens repreendem as faltas dos outros, como se as almas deles estivessem a seu cuidado. E pensam que, se agissem de outro modo, desobedeceriam a Deus. Por isso, denunciam as faltas que observam nos outros, e dizem que procedem desse modo impelidos pelo fogo do amor divino, que intensamente lhes abrasa o coração. Mentem, no entanto, pois é o próprio fogo do Inferno que lhes consome a imaginação e o cérebro!

Aliás, parece que isto mesmo é confirmado pelo que passo a referir: O Demónio é espírito e de sua natureza não tem corpo. Todavia, quando o Demónio (ou algum anjo) por concessão divina assume um corpo, a fim de prestar determinado serviço a alguém, as características do seu corpo concordam em certa medida com o género de tarefa que ele tem de realizar. Deparamos com exemplos disto na Sagrada Escritura: tanto no Antigo como no Novo Testamento, sempre que um anjo é enviado, manifesta o teor espiritual da sua mensagem ou incumbência, quer pelo seu nome próprio, quer por alguma função ou característica do seu corpo. E o mesmo sucede com o Demónio, pois quando ele aparece, reflecte em alguma característica do seu corpo a natureza espiritual dos seus servos.

Para ilustrar isto mesmo, basta citar o que me ensinaram não só alguns cultores da necromancia, que sabem invocar espíritos maus, mas também certas pessoas a quem o Demónio já apareceu: qualquer que seja a forma corporal assumida pelo Demónio, ele nunca possui mais do que uma só narina, a qual é grande e larga. De bom grado ele ergue essa única narina, para que através dela lhe vejam o miolo, que não é senão o fogo do Inferno, visto que o Demónio não tem outro cérebro. E se ele conseguisse que lhe espreitassem para o miolo, não desejaria mais nada, pois quando alguém assim fizesse, perderia o juízo para sempre. Contudo, o perfeito aprendiz de necromancia sabe disto muito bem, e é capaz de se precaver, para que o Demónio não lhe faça mal.

Por isso é que eu disse, e repito, que sempre que o Demónio toma um corpo, manifesta a natureza espiritual dos seus servos. De facto, ele inflama de tal maneira a imaginação dos seus contemplativos com o fogo do Inferno que, subitamente, sem discrição, eles começam a expressar as opiniões mais abstrusas e, sem deliberação prévia, se arrogam o direito de criticar as faltas dos outros. E isto acontece porque, espiritualmente, eles só têm uma narina. Na verdade, o septo que o ser humano tem no nariz, para separar uma narina da outra, indica que todo o homem deve possuir discrição espiritual, para distinguir o bem do mal, o mau do pior e o bom do melhor, antes de emitir qualquer juízo definitivo sobre alguma coisa que viu ou ouviu à sua volta. Quanto ao cérebro humano, representa a imaginação, uma vez que esta, por sua natureza, reside e opera na cabeça.

✥ Capítulo LVI ✥

De como se enganam os que confiam sobretudo nas elucubrações intelectuais e na erudição humana, pondo de parte a doutrina comum e as directrizes da Santa Igreja.

Há alguns que não caem no erro que acabo de explicar. No entanto, devido ao orgulho, às especulações da inteligência natural e ao saber livresco, abandonam a doutrina comum e as directrizes da Santa Igreja. Estes e todos os seus adeptos confiam demasiado nos seus próprios conhecimentos. E como nunca estiveram alicerçados numa experiência humilde e cega, nem numa vida virtuosa, merecem alcançar uma experiência falsa, que é criação do seu Inimigo espiritual; acabam assim por proferir um sem número de blasfémias contra os santos, os sacramentos e os estatutos e normas da Santa Igreja. Alguns homens do mundo, que vivem segundo a carne e pensam que os preceitos da Igreja são duros demais, aderem a estes hereges prontamente, e dão-lhes todo o seu apoio, convencidos de que são conduzidos por uma senda mais suave do que a via fixada pela Santa Igreja.

Ora, eu creio firmemente que quem não for para o Céu pela via estreita, vai para o Inferno pela via larga. E cada um que tire a prova por si mesmo. Com efeito, eu entendo que, se pudéssemos ver todos estes hereges e os seus adeptos tão claramente como nos aparecerão no último dia, bem depressa verificaríamos que não se limitam a defender opiniões erradas com descarada presunção, mas também se enchem dos mais horríveis pecados do mundo e da carne, na sua vida privada. Assim, é com toda a justiça que se chamam discípulos do Anti-Cristo, pois deles se diz que, apesar de toda a sua correcção exterior, são gente que vive mergulhada na mais sórdida devassidão.

✤ Capítulo LVII ✤

De que modo os jovens presunçosos entendem a expressão "para o alto"; das ilusões que daí resultam.

Mas não falemos mais disto, por agora, e consideremos o modo como certos aprendizes da arte espiritual entendem a expressão "para o alto".

De facto, se alguns jovens presunçosos ouvem dizer que se deve elevar o coração para Deus, imediatamente fixam os olhos nas estrelas, como se quisessem voar para além da Lua, e aplicam o ouvido, como se lhes fosse possível ouvir os anjos a cantar no firmamento do Céu. Por vezes tais homens, dando largas à imaginação, perfuram os planetas, e abrem um orifício no firmamento, por onde lhes seja possível espreitar. Fabricam o seu próprio Deus, que revestem de finos trajes e instalam num trono, de sorte que, neste mundo, jamais o Criador foi pintado de modo tão curioso. Além disso, atribuem aos anjos uma forma corporal, e põem nas mãos deles diferentes instrumentos musicais, com pormenores curiosos e inauditos.

O Demónio engana alguns destes homens de forma prodigiosa, pois lhes envia uma espécie de orvalho, que se lhes derrama nos lábios, com doçura e suavidade. – "É o alimento dos anjos!" – pensam eles[50]. Por isso, habituam-se a permanecer sentados, com a boca aberta, como se quisessem apanhar moscas. Ora, tudo isso não passa de uma ilusão, por mais santo que pareça, pois nesses momentos a

---

50. Cf. Sb 16,20.

alma deles está completamente desprovida de autêntica devoção. O seu coração está repleto de vaidade e mentira, que as suas práticas extravagantes originaram. De forma que o Demónio muitas vezes lhes enche os ouvidos com sons estranhos, os olhos com luzes raras e o nariz com aromas indescritíveis. E tudo isso não é senão falsidade!

Mas eles julgam que não, pois cuidam que isto de erguer os olhos e tender para o alto é legitimado pelo que sucedeu com várias personagens. Por exemplo, São Martinho, numa revelação, viu a Deus revestido com sua capa, no meio da multidão dos anjos[51]; Santo Estêvão viu o Senhor de pé, no Paraíso[52], e Cristo subiu ao Céu corporalmente, à vista dos seus discípulos[53]. Por isso, os tais jovens presunçosos afirmam que devemos voltar os olhos para o alto. Quanto a mim, de bom grado concedo que, tratando-se do nosso comportamento exterior, devemos erguer as mãos e os olhos, se nos sentimos inspirados a fazê-lo. Mas defendo que a actividade do nosso espírito não se deve dirigir nem para cima nem para baixo, nem para um lado nem para o outro, nem para trás nem para diante, como se fora uma realidade material. É que o nosso trabalho tem de ser espiritual e não material, e não se deve executar corporalmente.

---

51. Jesus apareceu a São Martinho revestido com a capa de soldado que ele tinha acabado de repartir com um pobre.
52. Cf. At 7,55.
53. Cf. At 1,9-11.

Capítulo LVIII

Não demonstram as visões de São Martinho e Santo Estêvão que, ao orar, devemos obrigar a imaginação a voltar-se para o Céu.

Em relação ao que se diz de São Martinho e Santo Estêvão, que viram certas coisas com os olhos do corpo, tudo não passa de um fenómeno milagroso, que serve para atestar uma realidade espiritual. Os que narram estes factos estão bem cientes de que o manto de São Martinho nunca cobriu realmente o corpo de Cristo, como se Ele tivesse necessidade de se resguardar do frio; mas tudo isso aconteceu milagrosamente, para servir de exemplo a todos nós, que estamos destinados à salvação e nos encontramos espiritualmente unidos ao corpo de Cristo[54]. Quem der roupa a um pobre ou praticar alguma boa obra, por amor de Deus, em benefício de um necessitado, bem pode ter a certeza de que, espiritualmente, é a Cristo que socorre, e será recompensado tão generosamente como se tivesse feito bem ao próprio corpo do Senhor. É o que Ele mesmo afirma no Evangelho[55]. E como se isso não bastasse, Ele o confirmou depois por um milagre, manifestando-se a São Martinho mediante uma revelação.

Todas as revelações sensíveis têm um significado espiritual. E se aqueles a quem elas foram feitas, ou nós próprios por causa de quem elas foram feitas, fôssemos mais

---

54. Cf. Ef 4,4.
55. Cf. Mt 25,40.

espirituais, ou fôssemos capazes de compreender o seu sentido espiritual, creio que elas nunca se teriam manifestado de forma sensível. Por isso, tiremos a rude casca, para nos alimentarmos da amêndoa doce.

Mas como? Não como fazem os hereges, que são justamente comparados a homens loucos que, depois de terem bebido por um belo copo, o estilhaçam contra a parede. Não, não devemos agir assim, se queremos agir bem. Não devemos comer o fruto e desprezar a árvore; não devemos beber e depois partir o copo. Chamo árvore e copo aos milagres visíveis e a todos os gestos dignos que não colidam com o trabalho do espírito. Chamo fruto e bebida ao significado espiritual dessas mesmas realidades, entre as quais se inclui o gesto de elevar as mãos e os olhos ao Céu. Se tais gestos se fazem por um impulso interior do espírito, são bons; de outro modo, são pura hipocrisia e falsidade. Aliás, se tais gestos são sinceros e frutíferos, porque se haveriam de rejeitar? Na verdade, um homem até chega a beijar o seu próprio copo, por causa do vinho que ele contém!

Que havemos de concluir, então, se, quando subiu ao Céu, nosso Senhor se elevou até às nuvens, à vista de sua Mãe e dos discípulos? Devemos nós também quedar-nos a olhar para o alto, a fim de O vermos sentado ou de pé, no Paraíso, tal como O viu Santo Estêvão? É claro que não, pois o Senhor não se terá manifestado corporalmente a Santo Estêvão com o intuito de nos ensinar, por meio de um exemplo, que, durante os nossos exercícios espirituais, devemos olhar para o Céu, a fim de O vermos como Santo Estêvão O viu, sentado, de pé ou deitado. Com efeito, ninguém sabe em que posição o seu corpo se encontra no Paraíso. Mas nada mais é necessário saber senão que o seu corpo foi elevado juntamente com a sua alma, sem qualquer distinção entre ambos. Além disso, o seu corpo e a sua alma, que constituem a sua humanidade, também estão indissoluvelmente unidos à sua divindade. Quanto ao resto, nada mais precisamos de saber senão que o Senhor está no Céu, da forma que mais Lhe agrada e na atitude corporal que mais Lhe convém. Se, pois, mediante uma revelação, Ele se manifestou deitado, de pé ou sentado a alguma criatura deste mundo, fê-lo para significar alguma coisa espiritualmente, e não para mostrar em que posição se encontra no Paraíso.

Repara no seguinte exemplo. Estar de pé significa estar pronto a ajudar. Por isso, é muito comum ouvir-se um amigo dizer a outro, no campo de batalha: "Coragem, amigo, luta com afinco e não desistas, que eu estou de pé ao teu lado!" Isto não quererá dizer necessariamente que os dois estarão de pé, lado a lado, pois a luta talvez seja a cavalo, e eles talvez estejam em movimento. Todavia, quando um deles fala deste modo, apenas pretende significar que está disposto a socorrer o seu amigo.

Ora, não foi senão por um motivo semelhante que nosso Senhor Se manifestou corporalmente a Santo Estêvão, no momento em que ele ia ser martirizado. O seu propósito não era ensinar-nos, por meio de um exemplo, que devemos levantar os olhos ao Céu. Só o que pretendia era dizer a Santo Estêvão que representa todos os que sofrem perseguição por seu amor: "Olha, Estêvão! Assim como Eu entreabro este firmamento material, que se chama Céu, e consinto que vejas o meu corpo de pé, assim também tu deves confiar que o meu Espírito permanece de pé a teu lado, graças ao poder da minha divindade, e que Eu estou pronto a ajudar-te. Por isso, permanece firme na fé e sofre corajosamente os golpes dessas pedras. Dar-te-ei a coroa da felicidade eterna. E receberão igual recompensa todos os que sofrem perseguição por minha causa".

Assim se verifica que estas manifestações corporais têm todas um significado espiritual.

✷ Capítulo LIX ✷

A ascensão de Cristo também não demonstra que devemos obrigar a imaginação a voltar-se para o alto. Tempo, lugar e corpo: os três devem ser esquecidos em toda a actividade espiritual.

Talvez alegues que a ascensão de nosso Senhor foi corporal e tem um significado não só espiritual, mas também material, uma vez que Ele subiu ao Céu enquanto verdadeiro Deus e verdadeiro homem. Contudo, a essa objecção eu respondo que o Senhor esteve morto e foi revestido de imortalidade, e assim também sucederá connosco no dia do juízo. Nessa altura, seremos tão subtis de corpo e alma que nos deslocaremos para onde quisermos à velocidade do pensamento. Seremos capazes de subir ou descer, ir para um lado ou para o outro, avançar ou recuar. E julgo que qualquer direcção que tomemos será boa, como afirmam os teólogos. Todavia, por enquanto, só serás capaz de subir ao Céu espiritualmente. De modo que não te hás-de mover corporalmente, nem para cima nem para baixo, nem para um lado nem para o outro, nem para trás nem para diante.

Toma nota do seguinte: os autores falam de "subir" e "entrar", e a palavra "moção" é utilizada para designar o trabalho sobre que versa o presente livro; no entanto, todos os que se dedicam aos exercícios espirituais, e em especial ao trabalho de que venho falando, devem notar cuidadosamente que uma tal moção não se dirige para o alto nem para dentro, em sentido literal, nem é um movimento no espaço semelhante à deslocação de um lugar para outro. E embora por vezes se chame "repouso", também não é a permanência em determinado lugar, sem que dali nos afastemos. De facto, quando atinge a perfeição, o trabalho de que falo é tão puro e espiritual que, se for bem concebido, será tido por completamente alheio a qualquer movimento ou lugar específico.

Com alguma razão, tal fenómeno melhor se chamaria uma mudança súbita do que um movimento local. É que tempo, lugar e corpo: os três devem ser esquecidos em toda a actividade espiritual. Por isso, tem cuidado, não te inspires na ascensão corporal de Cristo para, durante a oração, obrigares a imaginação a dirigir-se para o alto, como se quisesses passar para além da Lua. Não deve ser assim do ponto de vista espiritual. Se estivesses destinado a subir ao Céu corporalmente, como Cristo, então imitarias a sua ascensão. Mas tal privilégio só a Deus pertence, como Ele mesmo atesta, dizendo: "Ninguém pode subir ao Céu senão Aquele que desceu do Céu e se fez homem por amor dos homens"[56]. De resto, ainda que alguém fosse capaz de subir ao Céu corporalmente, a causa disso seria a actividade espiritual superabundante, levada a efeito exclusivamente pela força do espírito, e nunca a pressão material exercida sobre a nossa imaginação, para nos fazer subir ou entrar, ou para nos obrigar a ir de um lado para o outro. Por isso, não te enredes em falsidades, que a realidade é bem diferente.

---

56. Cf. Jo 3,13.

Capítulo LX

O melhor e mais rápido caminho para se chegar ao Céu é percorrido pelos nossos desejos, e não pelos passos dos nossos pés.

Mas agora talvez perguntes como é que se pode chegar a semelhante conclusão. A teu ver, está provado que o Céu fica lá no alto, pois Cristo subiu ao Céu corporalmente, e de lá fez descer o Espírito Santo prometido, à vista dos discípulos. É esta a nossa fé. Portanto, se dispões de provas tão evidentes, porque não hás-de tomar à letra a exigência de dirigir a mente para o alto durante a oração?

A esta pergunta vou responder o melhor que puder, dentro dos limites da minha fraqueza. Uma vez que Cristo tinha de ascender ao Céu corporalmente, a fim de enviar o Espírito Santo de forma visível, era conveniente que subisse, em vez de descer, e que enviasse o Espírito Santo lá do alto, em vez de o fazer surgir de outro lado. Mas se não fosse esta razão de conveniência, não lhe teria sido mais necessário subir do que descer, para enveredar pelo caminho mais curto. De facto, do ponto de vista espiritual, o Céu fica muito próximo em qualquer direcção, de modo que, se alguém verdadeiramente desejasse ir para lá, nesse mesmo instante lá estaria em espírito. Na verdade, o melhor e mais rápido caminho para se chegar ao Céu é percorrido pelos nossos desejos, e não pelos passos dos nossos pés. Por isso é que São Paulo declarou, a respeito de si mesmo e muitos outros: "Embora, actualmente, os nossos corpos se encontrem na Terra, a nossa vida está no Céu"[57].

---

57. Cf. Fl 3,20.

O Apóstolo falava do amor e do desejo, que, em sentido espiritual, eram a vida daqueles a quem ele se referia. E é absolutamente certo e seguro que a alma não está menos presente naquilo que ama do que no corpo que dela recebe a vida. Por conseguinte, se queremos ir para o Céu espiritualmente, não temos necessidade de forçar o nosso espírito a subir nem a descer, nem a deslocar-se para um lado ou para o outro.

❧ Capítulo LXI ❧

Toda a matéria está sujeita ao espírito, e, segundo as leis da natureza, é o espírito que governa a matéria, e não o contrário.

De qualquer modo, importa que elevemos as mãos e os olhos para o alto, como se os quiséssemos dirigir para a abóbada celeste, onde estão fixadas as estrelas. Mas só devemos proceder assim, se nos mover a actividade do espírito; de outro modo, não. É que toda a matéria está sujeita ao espírito, e é este que governa aquela, e não o contrário.

Deparamos com um exemplo disto na ascensão de nosso Senhor. De facto, quando, ao chegar a hora preestabelecida, Aquele que possuía uma natureza humana e divina decidiu voltar para o Pai, o Espírito de Deus manifestou o seu poder e fez a humanidade do Filho retirar-se com seu corpo, na unidade de uma só pessoa. Quanto à aparência visível de tudo isto, foi, como convinha, a de uma elevação para o alto.

Uma tal sujeição do corpo ao espírito é também de certo modo experimentada por aqueles que se dedicam ao trabalho sobre que versa o presente livro. De facto, quando a alma se dispõe de modo eficaz para um tal trabalho, imediata e insensivelmente, o corpo reage. Talvez estivesse descaído ou inclinado, para se sentir mais confortável. Mas agora o espírito faz com que ele se perfile, para reproduzir materialmente a actividade espiritual de quem ora. E assim convém sobremaneira.

De resto, é também conveniente que o homem, a mais digna das criaturas de Deus, não ande vergado para baixo, como os outros animais, mas se conserve erecto, voltado para o Céu; porquanto, o homem deve reproduzir fisicamente a actividade espiritual da alma, que se orienta para o alto, e não para baixo. Mas nota bem que eu afirmo isto em sentido espiritual, e não material. Pois, se a alma nada tem de material por natureza, como se haveria de elevar para o alto, literalmente falando? Ser-lhe-ia totalmente impossível.

Por isso, tem cuidado, não tomes em sentido material o que tem um significado espiritual, ainda que se empreguem certas expressões como: "em cima" ou "em baixo", "dentro" ou "fora", "atrás" ou "adiante", "de um lado" ou "de outro". Efectivamente, a linguagem é uma actividade material, executada pela língua, que é um instrumento do corpo; logo, por mais que uma realidade seja espiritual em si mesma, deve exprimir-se em termos materiais. Mas, e daí? Havemos, então, de interpretar as realidades espirituais em sentido material? Não: em sentido espiritual é que as havemos de compreender.

~ Capítulo LXII ~

Como saber quando é que a nossa actividade espiritual se situa abaixo de nós e fora de nós, ou ao nosso nível e dentro de nós, ou acima de nós e abaixo de Deus.

Para que tu possas compreender melhor o que é dito materialmente, vou explicar-te o verdadeiro sentido de algumas palavras que se referem à prática espiritual; assim ficarás a saber, claramente e sem erro, quando é que a tua actividade espiritual se situa abaixo de ti e fora de ti, ou dentro de ti e ao teu nível, ou acima de ti e abaixo de Deus.

Toda a realidade material é, por natureza, exterior à tua alma e inferior a ela. Sim, o Sol e a Lua e todos os astros, embora se encontrem mais elevados que o teu corpo, estão abaixo da tua alma.

Os anjos e as almas dos justos, embora estejam revestidos e ornados de graça e virtudes, e sejam superiores a ti em candura, estão ao mesmo nível que tu por natureza.

Dentro de ti, por natureza, estão as faculdades da alma. As três principais: memória[58], razão e vontade; e as secundárias: imaginação e sensibilidade.

Acima de ti, por natureza, não existe nenhuma espécie de realidade além de Deus.

Sempre que encontrares o pronome "tu", empregado em sentido espiritual, significa a tua alma, e não o teu corpo. Finalmente, conforme a realidade sobre a qual opera-

---

58. Cf. nota 9.

rem as faculdades da tua alma, assim deves julgar o valor e a qualidade da tua prática: se está abaixo de ti, ou dentro de ti, ou ainda acima de ti.

∽ Capítulo LXIII ∽

Das faculdades da alma em geral. A memória é uma das faculdades principais, que compreende em si mesma todas as outras faculdades e as realidades sobre as quais elas operam.

A memória é uma faculdade que, rigorosamente falando, não age por si mesma. Já a razão e a vontade são duas faculdades activas, como também o são a imaginação e a sensibilidade. A memória contém e compreende em si mesma estas quatro faculdades, com as suas operações. E de modo algum se pode afirmar que a memória age, se não se considerar esta compreensão uma actividade.

A razão pela qual eu distingo as faculdades da alma em principais e secundárias é a seguinte: a alma, de facto, não é divisível, mas as realidades sobre as quais as faculdades operam distinguem-se em principais e secundárias, conforme sejam, respectivamente, espirituais ou materiais. As duas faculdades activas principais, a razão e a vontade, operam de forma puramente autónoma sobre as realidades espirituais, sem a ajuda das faculdades secundárias. A imaginação e a sensibilidade, que são de natureza animal, operam sobre as realidades materiais, presentes ou ausentes, utilizando os sentidos. No entanto, só por meio da imaginação e da sensibilidade, sem o auxílio da razão e da vontade, a alma nunca chegará a conhecer a virtude e as propriedades dos seres materiais, nem a causa pela qual eles existem e foram criados.

A razão e a vontade chamam-se faculdades principais, porque a sua esfera é o puro espírito, sem nenhum contágio de materialidade. A imaginação e a sensibilidade chamam-se faculdades secundárias, porque actuam no corpo, com os cinco sentidos que ele tem. A memória considera-se uma faculdade principal, porque contém espiritualmente em si mesma não só as outras faculdades, mas também as realidades sobre as quais elas operam. Senão, repara no que ensina a experiência.

‿ Capítulo LXIV ‿

Das outras faculdades principais: a razão e a vontade. A actividade de ambas, antes e depois do pecado.

A razão é a faculdade que nos torna capazes de distinguir o mau do bom, o mau do pior, o bom do melhor, o pior do péssimo e o melhor do óptimo. Antes do pecado, a razão fazia tudo isto naturalmente. Mas agora anda tão cega, devido ao pecado original, que só consegue desempenhar o seu papel, se for iluminada pela graça. Tanto a própria razão como as realidades sobre as quais ela opera estão contidas na memória.

A vontade é a faculdade que nos torna capazes de escolher o bem determinado pela razão. É pela vontade que amamos a Deus, O desejamos e n'Ele finalmente repousamos, com imensa alegria e pleno consentimento[59]. Antes do pecado, a vontade não se podia enganar nas suas escolhas, nos seus amores, nem em nenhuma das suas obras, pois tinha a capacidade inata de apreciar cada coisa como ela era. Agora, porém, só pode fazer isso se for ungida com o óleo da graça. Na verdade, muitas vezes, por estar infectada com o pecado original, a vontade toma por bom o que é francamente mau, e apenas tem a aparência de coisa boa. Tanto a própria vontade como as realidades que ela deseja estão contidas na memória.

---

59. Cf. AGOSTINHO DE HIPONA. *Confessiones*, 1,1: PL 32,661, "...fecistis nos ad te, et inquietum est cor nostrum, donec requiescat in te" (...criastes-nos para Vós, e o nosso coração anda inquieto, enquanto não repousar em Vós). Convém notar que, nos capítulos X e LI, o anónimo afirma que a vontade é o coração espiritual.

Capítulo LXV

Da primeira das faculdades secundárias: a imaginação; dos seus actos e da sua obediência à razão, antes e depois do pecado.

A imaginação é a faculdade que nos torna capazes de produzir imagens das realidades presentes ou ausentes. Tanto a imaginação como as realidades sobre as quais ela opera estão contidas na memória. Antes do pecado, a imaginação era tão obediente à razão – de quem é, por assim dizer, a serva – que nunca lhe ministrava nenhuma imagem distorcida dos seres materiais, nem nenhuma representação fantasista dos seres espirituais. Mas agora já não é assim. De facto, se a imaginação não for refreada pela luz da graça presente na razão, nunca mais deixará de produzir, quer durmamos quer vigiemos, várias imagens distorcidas dos seres materiais; ou então, algumas fantasias, que nada mais são do que concepções materialistas das realidades espirituais ou concepções espiritualistas das realidades materiais. E tudo isto é falso e enganador, e anda de mãos dadas com o erro.

A desobediência da imaginação pode observar-se com clareza na oração dos que recentemente abandonaram o mundo para se entregarem à verdadeira devoção. Antes que a imaginação lhes seja em grande parte refreada pela luz da graça presente na razão – o que sucederá se meditarem continuamente nas realidades espirituais, tais como a própria miséria, a Paixão do Senhor e a sua bondade... –, de modo nenhum serão capazes de afastar os pensamentos, fantasias e imagens indescritíveis, que lhes serão ministrados e impressos na mente pela luz da imaginação curiosa. E toda esta desobediência é o castigo do pecado original.

Capítulo LXVI

Da outra faculdade secundária: a sensibilidade; dos seus actos e da sua obediência à vontade, antes e depois do pecado.

A sensibilidade é uma faculdade da alma que comanda os sentidos e nos faz tomar consciência dos seres materiais, tanto agradáveis como desagradáveis. Consta de duas partes: uma que atende às necessidades do corpo, e outra que serve aos apetites dos sentidos. É a sensibilidade que protesta, quando faltam ao corpo as coisas necessárias; e quando se trata de tomar o necessário, é ela que nos incita a ir além da medida, para satisfazer e estimular os nossos apetites. Ela queixa-se quando nos faltam as coisas agradáveis, e voluptuosamente se deleita quando as obtemos. Ela queixa-se quando nos surgem as coisas desagradáveis, e voluptuosamente se delicia quando as afastamos. Tanto esta faculdade como as realidades sobre as quais ela opera estão contidas na memória.

Antes do pecado, a sensibilidade era tão obediente à vontade – de quem é, por assim dizer, a serva – que nunca lhe ministrava nem o excesso de prazer ou sofrimento que pode ser provocado por algum ser material, nem a contrafacção de gozo ou dor que se pode produzir nos sentidos por acção de algum inimigo espiritual. Agora, porém, já não é assim. Com efeito, impõe-se que a sensibilidade seja governada pela graça, que opera na vontade, não só para conseguir suportar, humildemente e em justa medida, o castigo do pecado original (que se faz sentir quando nos faltam os prazeres necessários e aparecem os sofrimentos proveitosos), mas também para ser capaz de refrear os apetites ou conter a satisfação, quando obtemos os prazeres necessários ou nos livramos dos sofrimentos proveitosos. E se não for assim controlada, a sensibilidade de tal modo se entregará aos prazeres deste mundo e da carne, como a porca que se rebola na lama, que toda a nossa vida se tornará mais carnal e animalesca do que humana e espiritual.

Capítulo LXVII

Quem desconhece as faculdades da alma, e o modo como elas operam, facilmente se pode enganar, ao esforçar-se por compreender as palavras e os actos espirituais. De que modo a alma é divinizada pela acção da graça.

Sim, amigo espiritual, nós caímos nesta miséria por causa do pecado! Admira-te que nos enganemos com tão cega facilidade, quando nos esforçamos por compreender as palavras e os actos espirituais? Que outra coisa seria de esperar, sobretudo daqueles que ainda não conhecem as faculdades da alma, nem o modo como elas operam?

Quando a tua mente anda ocupada com alguma realidade material, por mais nobre que seja o fim em vista, tu estás abaixo de ti próprio e fora da tua alma. Quando a tua mente anda ocupada com subtilezas atinentes às faculdades da alma e respectivas operações espirituais – como sejam os vícios e virtudes que há em ti ou em alguma criatura espiritual que esteja ao mesmo nível que tu –, se te aperceBes que atentas nessas coisas, para aprenderes a conhecer-te a ti próprio e cresceres na perfeição, nessa altura estás dentro ti mesmo e ao teu próprio nível. Mas quando notas que a tua mente não está ocupada com nenhuma espécie de realidade material ou espiritual, mas somente com a própria substância divina, como acontece no trabalho de que trata o presente livro, nessa altura estás acima de ti próprio e abaixo de Deus.

Estás acima de ti próprio, porque obténs, mediante a graça, o que não és capaz de alcançar por natureza, ou seja:

a união com Deus em espírito, amor e acordo de vontades. Mas estás também abaixo de Deus, porque embora se possa dizer que, nesses momentos, tu e Ele deixais de ser dois, para vos tornardes um só em espírito (aliás, a Escritura atesta que, por causa de tal união, bem se pode chamar deus[60] a quem experimenta a contemplação perfeita), nem por isso deixas de ser inferior a Deus. Com efeito, Ele é Deus por natureza, desde toda a eternidade. Mas já o mesmo se não pode dizer de ti, que não eras nada e, quando o poder e o amor de Deus te deram o ser, quiseste, pelo pecado, transformar-te em pior que nada: a ti é somente a misericórdia divina, sem mérito algum da tua parte, que te transforma num deus, mediante a graça, e te une inseparavelmente a Deus em espírito, não só nesta vida, mas também na bem-aventurança eterna. De modo que, embora sejas um só com Deus, pela graça, estás muitíssimo abaixo d'Ele por natureza.

Sim, amigo espiritual! Por aqui já podes entrever que quem não conhece as faculdades da sua própria alma, e o modo como elas operam, com muita facilidade se pode enganar, quando se trata de interpretar as palavras que se escrevem com uma intenção espiritual. E esta é uma das razões pelas quais não me atrevi a pedir-te que manifestasses a Deus o teu desejo; antes te recomendei, de forma pueril, que fizesses o que está ao teu alcance para o esconder e encobrir. Procedi assim por recear que entendesses em sentido material o que tem um significado espiritual.

---

60. Cf. Sl 82(81),6.

ॐ Capítulo LXVIII ॐ

Em lugar nenhum, do ponto de vista material, é o mesmo que em toda a parte, do ponto de vista espiritual. O homem exterior chama nada ao trabalho de que trata o presente livro.

Entretanto, se alguém te sugerir que recolhas as tuas faculdades e sentidos no interior de ti mesmo, para aí adorares a Deus, estará a falar muito bem e com grande exactidão. Sim, estará a dizer uma verdade incontestável, que oxalá seja bem compreendida! Todavia, mesmo assim, eu temo que te enganes e entendas mal semelhante recomendação. Portanto, não te peço nada disso, mas antes que ponhas todo o cuidado em não entrar dentro de ti mesmo de modo algum. Aliás, também não quero que te ponhas fora, ou acima, ou atrás, ou ao lado de ti mesmo.

"Mas, então, onde é que eu hei-de estar?" – perguntarás. – "Em parte nenhuma, pelo que dizes!" Agora é que falaste bem, pois é aí mesmo que eu te quero! De facto, em parte nenhuma, do ponto de vista material, é o mesmo que em toda a parte, do ponto de vista espiritual. Vela, pois, diligentemente para que a tua actividade espiritual se não realize em nenhum lugar material; e então, onde quer que esteja o objecto ao qual resolvas aplicar a mente, aí estarás tu também em espírito, tal como o teu corpo se encontra no lugar em que tu próprio resides materialmente. E embora, nessa situação, os teus sentidos corporais não consigam encontrar alimento, por lhes parecer que não é nada o que estás a fazer, continua a fazer esse mesmo nada, contanto que o faças por amor de Deus. E não desistas de forma alguma, mas procura exercitar-te diligentemente nesse nada, com um desejo vigilante de possuir a Deus, que ninguém conhece. É que em verdade te digo: eu antes queria ficar assim em parte nenhuma, a braços com tão cego nada, do que ser um grande senhor que pudesse estar em toda a parte, a brincar alegremente com tudo, como se fosse o dono do universo.

Deixa de lado o tudo em toda a parte, em troca do nada em parte nenhuma. Não te apoquentes se os teus sentidos desconhecem esse nada, pois desse modo eu o amo ainda mais. Trata-se de algo com tanto valor em si mesmo que os sentidos não são capazes de o conhecer. Tal nada sente-se, muito mais do que se vê, porque é totalmente invisível e escuro para quantos ainda só o contemplaram por pouco tempo. No entanto, para falar com mais exactidão, se a alma fica cega, ao experimentá-lo, isso deve-se mais à abundância de luz espiritual do que à escuridão ou ausência de luz material. De resto, quem diz que aquilo é nada? O nosso homem exterior, e não o interior. O nosso homem interior diz que aquilo é Tudo, pois lhe ensina a compreender todas as coisas materiais e espirituais, sem que ele precise de considerar nenhuma delas em especial.

Capítulo LXIX

As nossas disposições transformam-se maravilhosamente, ao experimentarmos o referido nada, que não se realiza em parte nenhuma.

As nossas disposições admiravelmente se alteram, quando sentimos o tal nada, que não se realiza em parte nenhuma. Ao contemplá-lo pela primeira vez, verificamos que nele estão gravados todos os pecados do corpo e do espírito que obscuramente cometemos, desde o dia do nosso nascimento. E por mais que o revolvamos, sempre eles hão-de aparecer diante dos nossos olhos, até à altura em que quase se hajam apagado, graças a um esforço intenso, muitos suspiros dolorosos e muitas lágrimas amargas.

Por vezes, neste esforço, a alma julga que contemplar o nada é como ver o Inferno, pois lhe parece que desespera de atingir a perfeição do repouso espiritual, no meio de tanto sofrimento. Na verdade, até este ponto muitos ainda conseguem chegar. Mas como a dor é imensa e não experimentam consolações, recaem na consideração das realidades materiais, à procura de refrigérios sensíveis, numa tentativa de compensar a falta de consolações espirituais, que teriam merecido, se tivessem perseverado.

Com efeito, quem persevera sente por vezes algum conforto, e pode ter alguma esperança de alcançar a perfeição, pois nota que muitas das suas faltas de outrora já foram em grande parte apagadas, com o auxílio da graça. De vez em quando sofre, mas julga que a dor há-de passar, porque vai diminuindo de intensidade. Por isso, ao nada não chama Inferno, mas Purgatório. Às vezes não vê nele inscrita nenhuma falta em especial, mas apenas lhe parece que o pecado é um bloco, que não consegue definir, e se identifica com a sua pessoa. Então pode dizer-se que o nada é a raiz e o castigo do pecado original. Contudo, às vezes, parece-lhe que é o Céu ou o Paraíso, por causa das múltiplas e extraordinárias doçuras, consolações, alegrias e benditas virtudes que nele descobre. Outras vezes, julga que é Deus mesmo, devido à paz e repouso que nele encontra.

Sim!, a alma bem pode pensar o que quiser, pois sempre há-de encontrar uma nuvem de desconhecimento entre ela própria e o seu Deus.

~ Capítulo LXX ~

Assim como, quando os nossos sentidos corporais falham, mais rapidamente chegamos ao conhecimento das realidades espirituais, assim também, quando os nossos sentidos espirituais falham, mais rapidamente chegamos àquele conhecimento de Deus que a graça nos permite alcançar na vida presente.

Por conseguinte, esforça-te por laborar no nada, em parte nenhuma, e rejeita os teus sentidos externos, bem como as realidades sobre as quais eles operam. É que em verdade te digo: os sentidos corporais não podem conceber um tal trabalho.

Com efeito, os olhos só vêem se um objecto é comprido ou largo, pequeno ou grande, redondo ou quadrado; e ainda, se está perto ou longe, e qual é a cor que apresenta. Os ouvidos só ouvem os sons e os ruídos. O nariz só capta os cheiros bons e maus. O paladar só nota o doce e o azedo, o salgado e o insosso, o amargo e o saboroso. O tacto só sente o quente e o frio, o duro e o mole, o áspero e o macio. Todavia, nem Deus nem as realidades espirituais apresentam nenhuma destas qualidades ou dimensões. Por isso, põe de parte os teus sentidos corporais, e não trabalhes com eles, nem dentro nem fora de ti mesmo. Se alguém, que pretenda ser um operário espiritual, considerar que pode ver ou ouvir, cheirar, saborear ou palpar as realidades espirituais, engana-se redondamente e age contra o curso normal da natureza. É que, de seu natural, os sentidos estão ordenados de modo a que, através deles, conheçamos as realidades materiais externas, e não as realidades espirituais. Contudo, isto só se verifica quando os sentidos corporais funcionam.

Porque, se falham, é diferente. Na verdade, se lemos ou ouvimos falar de certas coisas, e nos apercebemos de que os nossos sentidos externos não nos podem dizer o que elas são, mediante as qualidades que apresentam, bem podemos ter a certeza de que se trata de realidades espirituais, e não realidades materiais.

De resto, uma coisa parecida também acontece com os nossos sentidos espirituais[61], quando nos esforçamos por chegar ao conhecimento de Deus mesmo. Com efeito, por mais que alguém conheça todas as criaturas espirituais, nunca, por acção da inteligência, poderá chegar ao conhecimento do ser incriado, que é Deus. Mas quando a inteligência fracassa é que tem êxito, porque aquilo em que ela falha nada mais é do que Deus somente. Foi por isso que São Dionísio afirmou: "O conhecimento mais divino de Deus é o que se alcança por meio da ignorância"[62].

Na verdade, quem consultar as obras de Dionísio verificará que ele confirma claramente tudo o que eu digo, do princípio ao fim deste tratado. Todavia, não quero citar outra vez Dionísio, nem nenhum outro doutor. É que, outrora, tinha-se na conta de humildade não dizer nada de próprio que não fosse confirmado pela Sagrada Escritura e pelas sentenças dos Padres, mas hoje em dia tal costume transformou-se em exercício especulativo e alarde de erudição. Ora, tu não precisas dessas coisas; por isso é que eu decidi não recorrer a elas. Assim, quem tiver ouvidos ouça, e quem se dispuser a acreditar acredite; de contrário, nada feito!

---

61. O autor emprega a expressão "sentidos espirituais" praticamente como sinónimo de entendimento ou inteligência.
62. PSEUDO-DIONÍSIO AREOPAGITA. *De divinis nominibus*, 7,3: PG 3, 872 (η θειοτάτη τοῦ Θεοῦ γνῶσις, ἡ δι' ἀγνωσίας γινωσκομένη).

Capítulo LXXI

Alguns só alcançam a contemplação perfeita quando entram em êxtase, mas outros conseguem experimentá-la num estado de alma normal.

Na opinião de alguns, o trabalho que eu abordo é tão difícil e tremendo que exige grandes esforços para se poder realizar; além disso, devia ser considerado um fenómeno raro, que apenas se produz quando alguém entra em êxtase. Ora, aos que pensam deste modo responderei o melhor que puder, dentro dos limites da minha fraqueza. Direi, pois, que, nesta matéria, tudo depende do que Deus ordena e dispõe, segundo a capacidade daqueles a quem é dada a graça da contemplação e da actividade espiritual.

Com efeito, há alguns que, sem muitos e prolongados exercícios espirituais, não conseguem chegar à contemplação. Estes só muito raramente, e por um chamamento especial de nosso Senhor, é que experimentam a contemplação perfeita; e ao chamamento que lhes é feito dá-se o nome de êxtase. Todavia, há outros tão subtis em graça e espírito, e tão íntimos de Deus na graça da contemplação, que conseguem experimentá-la quando lhes apraz, no estado comum da alma humana, quer estejam sentados ou a andar, quer se encontrem de pé ou de joelhos. Estes, em tais ocasiões, permanecem na posse plena dos seus sentidos, tanto corporais como espirituais, e podem fazer uso deles a seu bel-prazer, sem nenhum impedimento de maior. Temos um exemplo dos primeiros em Moisés, e um exemplo dos segundos em Aarão, o sacerdote do Templo[63].

Na verdade, a graça da contemplação está representada na Arca do Testamento da Antiga Lei, e os que trabalham nessa graça estão representados naqueles que mais directamente se ocuparam de tal arca, conforme é atestado pela Escritura. E é justo que se compare a Arca do Testamento à graça e ao trabalho de que falo, pois assim como naquela arca estavam guardadas todas as jóias e relíquias do Templo, assim também num pequeno impulso de amor que se oferece estão contidas todas as virtudes da alma humana, que é o templo espiritual de Deus.

Moisés, para chegar a ver a arca e o modo como ela devia ser construída, subiu, com grande esforço, ao cimo da montanha e ali se quedou a trabalhar numa nuvem durante seis dias. Aguardou, até ao sétimo dia, que o Senhor se dignasse mostrar-lhe como devia fazer a arca. Com tão longo esforço e tão tardia revelação, Moisés representa aqueles que só conseguem chegar à perfeita contemplação espiritual depois de muitos esforços, e mesmo assim só muito raramente e por uma revelação que Deus se digne conceder.

Mas aquilo que Moisés só raramente e com grande esforço conseguia ver, Aarão, devido ao seu ofício, tinha a possibilidade de observar no Templo, sempre que quisesse entrar para além do véu. E Aarão representa todos aqueles de quem acima falei, que mediante estratagemas espirituais, com o auxílio da graça, conseguem alcançar a contemplação perfeita, todas as vezes que desejam.

---

63. Começa aqui uma longa interpretação alegórica de vários elementos colhidos em Ex 24ss.

~ Capítulo LXXII ~

Um contemplativo não deve julgar outro segundo a sua própria experiência.

Assim, por estas explicações já podes compreender que quem não consegue experimentar a contemplação perfeita senão com grande esforço e em raras ocasiões facilmente se engana, ao julgar os outros por si, pois supõe que também eles a não conseguem alcançar senão com muita dificuldade. E de igual modo se engana quem a obtém com facilidade, pois imagina que os outros também a podem experimentar quando lhes aprouver. Não, de modo nenhum se deve pensar assim! Na verdade, a alguém que, inicialmente, não consegue experimentar a contemplação perfeita senão com grande esforço e em raras ocasiões, Deus pode muito bem conceder que mais tarde a experimente, a seu bel-prazer, todas as vezes que desejar. Temos um exemplo disso em Moisés: a princípio ele via a forma da arca pouquíssimas vezes e só depois de muito se afadigar na montanha; mas mais tarde podia vê-la quando quisesses, mesmo permanecendo no vale.

Capítulo LXXIII

À semelhança de Moisés, Beseleel e Aarão, que se ocuparam da Arca do Testamento, nós progredimos de três modos na graça da contemplação, que é representada por aquela arca.

Houve sobretudo três homens que se ocuparam da Arca do Antigo Testamento: Moisés, Beseleel e Aarão. Moisés aprendeu, na montanha do Senhor, como é que se devia fazer a Arca; Beseleel tratou de a construir no vale, segundo o modelo que foi revelado na montanha, e Aarão teve-a à sua guarda no Templo, para a ver e tocar quando lhe aprouvesse.

À semelhança destes três, nós progredimos de três modos na graça da contemplação. Às vezes progredimos só pela graça, e nessa altura assemelhamo-nos a Moisés, que apesar de escalar a montanha com grande fadiga, só conseguia ver a Arca pouquíssimas vezes, sendo tal visão o efeito de uma revelação de Deus, quando Ele se dispunha a concedê-la, e não o prémio do esforço humano. Outras vezes progredimos pela nossa própria habilidade espiritual, com auxílio da graça, e então assemelhamo-nos a Beseleel, que não podia ver a Arca senão depois de a construir com seu próprio esforço, servindo-se do modelo que fora revelado a Moisés na montanha. Outras vezes ainda, progredimos graças aos ensinamentos dos outros, e nessa altura assemelhamo-nos a Aarão, que tinha à sua guarda, e costumava ver e tocar quando queria, a Arca que Beseleel construiu e lhe pôs ao alcance da mão.

Sim!, amigo espiritual, neste trabalho – falando de um modo pueril e tosco! –, eu, que não sou digno de ensinar ninguém, desempenho o papel de Beseleel, construindo e explicando para tua utilidade a forma da Arca espiritual. Mas tu podes trabalhar muito melhor e com mais mérito do que eu, se quiseres ser Aarão, ou seja: se te dedicares sem cessar à contemplação, tanto por ti como por mim. Faz isso, eu te peço, por amor de Deus todo-poderoso. E uma vez que Ele nos chama ao mesmo trabalho, eu te suplico, por amor de Deus, que supras com a tua parte tudo aquilo que falta na minha.

≈ Capítulo LXXIV ≈

De como a alma dotada para o trabalho de que se fala nesta obra não pode discorrer sobre ele sem sentir uma verdadeira consonância com o seu fim. Repetição da exortação que vem no prólogo.

Se julgas que esta prática não está de acordo com as tuas disposições de corpo e alma, podes deixá-la e adoptar outra com segurança, guiado por um bom director espiritual, sem incorrer em censura. E nesse caso eu peço-te desculpa, pois com este escrito só tinha a intenção de te ser útil, tanto quanto o permitisse a minha modesta ciência. Assim, lê esta obra duas ou três vezes. Quanto mais a leres, melhor a compreenderás; e poderá até haver alguma frase muito difícil, à primeira ou segunda leitura, que depois te pareça facílima.

Sim! Acho impossível que uma alma dotada para o trabalho de que falo possa ler, ouvir ou comentar o que dele aqui se diz, sem que sinta ao mesmo tempo uma verdadeira consonância com o seu fim. E nesse caso, se julgas que te faz bem, dá graças a Deus de todo o coração e, por amor de Deus, reza por mim.

Faz isso, então. E peço-te, por amor de Deus, que não deixes ninguém ver este livro, a menos que se trate de pessoa que julgues estar preparada para ele, segundo os critérios que deixei escritos, ao explicar quem é que se deve entregar à contemplação e a partir de que momento. E se deixares alguma de tais pessoas ver esta obra, por favor diz-lhe que tome o tempo necessário para a examinar na íntegra. É que poderá encontrar-se algum assunto, no princípio ou no meio, que esteja ainda em suspenso e por explicar plenamente. Mas a explicação, se não aparecer logo, será dada pouco depois, ou então no fim. Daí que, se alguém visse alguma parte isoladamente, correria o risco de ser induzido em erro. E por isso é que eu te peço que faças como te digo.

Se há algum assunto que gostasses de ver mais amplamente desenvolvido, diz-me qual é e o que pensas acerca dele; e tanto quanto o permitir a minha modesta ciência, eu tratarei de o explicar melhor, se for capaz.

Quanto aos tagarelas carnais, os aduladores e os maldizentes, os mexeriqueiros e os linguareiros, e toda a espécie de críticos, nunca eu desejei que vissem esta obra, pois nunca tive a intenção de a escrever para indivíduos desse jaez. Por isso, não quero que ouçam falar dela — nem eles nem quaisquer outros, letrados ou ignorantes, que não passem de curiosos, mesmo que sejam homens excelentes no plano da vida activa. É que este livro não se destina a essa gente.

✥ Capítulo LXXV ✥

Alguns sinais que tornam possível aferir se a alma é chamada por Deus à contemplação.

Se alguém, ao abordar a matéria deste livro, a considerar uma coisa boa e agradável, nem por isso se deve concluir que está chamado a dedicar-se à contemplação. É que o impulso agradável que experimenta talvez provenha de uma curiosidade natural, e não tanto de um apelo da graça.

Mas se quiser saber de onde lhe vem um tal impulso, pode tirar a prova do seguinte modo: Primeiro, examine se já fez o que está ao seu alcance para se preparar convenientemente, tratando de purificar a própria consciência, segundo o juízo da Santa Igreja e a opinião do director espiritual. Se assim for, já é muito bom. No entanto, se quiser saber com mais precisão, examine se o dito impulso lhe vem à mente com mais frequência do que qualquer outra espécie de exercício espiritual. E se estiver persuadido de que não há nada que possa fazer, material ou espiritualmente, que mereça o aval da consciência, se um tal impulsozinho de amor secreto não for, por assim dizer, o principal de tudo – se for isso o que deveras sente! –, é sinal de que Deus o chama à contemplação. Caso contrário, não.

Não quero dizer que semelhante impulso há-de durar sempre, de modo a permanecer sem interrupção na mente de quantos são chamados a entregar-se ao trabalho de que falo. Não, de modo nenhum. Com efeito, ao jovem aprendiz é muitas vezes retirada a percepção de tal impulso, por diversos motivos. Às vezes, para que não ganhe demasiada familiaridade em relação a ele, nem considere que jaz largamente em seu poder experimentá-lo quando e como lhe aprouver. Tal pensamento seria orgulho! Aliás, todas as vezes que a percepção da graça é retirada, o orgulho é a causa: nem sempre o orgulho que existe, mas o orgulho que existiria, se não se deixasse de sentir a graça. E assim alguns jovens imaginam tolamente que Deus é seu inimigo, quando na verdade Ele é o seu maior amigo.

Às vezes o impulso de que falo é-lhes retirado por causa da indiferença. Quando assim acontece, logo sentem uma dor amaríssima, que os atormenta sem piedade. Outras vezes nosso Senhor retarda o impulso de propósito, pois quer que a demora o intensifique, e seja tido em maior estima, ao ser reencontrado e novamente sentido, depois de muito tempo. Aliás, este é um dos mais seguros e importantes sinais para se discernir se a alma é ou não chamada à contemplação: se sente, após a dilação e uma longa ausência do trabalho em questão, que, quando ele surge subitamente, como de costume, sem que nenhum meio o tenha conquistado, lhe vem um desejo mais fervoroso e uma ânsia amorosa mais intensa de se entregar a ele; a tal ponto que, muitas vezes, a alegria de o reencontrar será superior à tristeza de o perder. Se assim acontecer, é sinal certíssimo de que a pessoa é chamada por Deus à contemplação, quem quer que ela seja ou tenha sido.

Com efeito, nem o que tu és, nem o que tu foste, observa Deus com o seu olhar misericordioso; mas antes o que tu gostarias de ser. E São Gregório atesta que "os desejos santos aumentam com a dilação; mas se com ela diminuem, nunca foram desejos santos"[64]. Na verdade, se alguém sente cada vez menos alegria, ao deparar subitamente com os seus antigos propósitos, ainda que os possa ter na conta de inclinações naturais para o bem, não os pode

---

64. GREGÓRIO MAGNO. *Homiliae in evangelia*, 25,2: PL 76, 1190.

considerar desejos santos. Falando de tais desejos é que Santo Agostinho afirmou: "toda a vida do bom cristão nada mais é do que um desejo santo"[65].

Adeus, amigo espiritual, recebe a bênção de Deus e a minha bênção! Rogo ao Todo-poderoso que a verdadeira paz, o são conselho e a divina consolação, juntamente com a abundância de graça, permaneçam sempre contigo e com todos os que amam a Deus sobre a Terra. Ámen.

Aqui termina *A nuvem do não-saber*.

---

[65]. AGOSTINHO DE HIPONA. In *Epistolam Johannis ad Parthos*, 4,6: PL 35, 2008.

Série Clássicos da Espiritualidade

- *A nuvem do não saber*
  Anônimo do século XIV
- *Tratado da oração e da meditação*
  São Pedro de Alcântara
- *Da oração*
  João Cassiano
- *Noite escura*
  São João da Cruz
- *Relatos de um peregrino russo*
  Anônimo do século XIX
- *O espelho das almas simples e aniquiladas e que permanecem somente na vontade e no desejo do Amor*
  Marguerite Porete
- *Imitação de Cristo*
  Tomás de Kempis
- *De diligendo Deo – "Deus há de ser amado"*
  São Bernardo de Claraval
- *O meio divino – Ensaio de vida interior*
  Pierre Teilhard de Chardin
- *Itinerário da mente para Deus*
  São Boaventura
- *Teu coração deseja mais – Reflexões e orações*
  Edith Stein
- *Cântico dos Cânticos*
  Frei Luís de León
- *Livro da Vida*
  Santa Teresa de Jesus
- *Castelo interior ou Moradas*
  Santa Teresa de Jesus
- *Caminho de perfeição*
  Santa Teresa de Jesus
- *Conselhos espirituais*
  Mestre Eckhart
- *O livro da divina consolação*
  Mestre Eckhart
- *A nobreza da alma humana e outros textos*
  Mestre Eckhart
- *Carta a um religioso*
  Simone Weil
- *De mãos vazias – A espiritualidade de Santa Teresinha do Menino Jesus*
  Conrado de Meester
- *Revelações do amor divino*
  Juliana de Norwich
- *A Igreja e o mundo sem Deus*
  Thomas Merton
- *Filoteia*
  São Francisco de Sales
- *A harpa de São Francisco*
  Felix Timmermann
- *Tratado do amor de Deus*
  São Francisco de Sales
- *Espera de Deus*
  Simone Weil
- *Contemplação num mundo de ação*
  Thomas Merton
- *Pensamentos desordenados sobre o amor de Deus*
  Simone Weil
- *Aos meus irmãozinhos*
  Charles de Foucauld
- *Revelações ou a luz fluente da divindade*
  Matilde de Magdeburg
- *A sós com Deus*
  Charles de Foucauld
- *Pequena filocalia*
  Jean-Yves Leloup
- *Direção espiritual e meditação*
  Thomas Merton
- *As sete palavras do Cristo na cruz*
  São Roberto Belarmino
- *Tende o Senhor no coração*
  Mestre de São Bartolo
- *O Pão Vivo*
  Thomas Merton
- *O enraizamento*
  Simone Weil
- *Na liberdade da solidão*
  Thomas Merton
- *O sermão do Senhor na montanha*
  Santo Agostinho
- *A direção da alma e a vida perfeita*
  São Boaventura
- *A árvore da vida*
  São Boaventura
- *A elevação da mente para Deus – Pelos degraus das coisas criadas*
  São Roberto Belarmino

Conecte-se conosco:

f facebook.com/editoravozes

⊙ @editoravozes

🐦 @editora_vozes

▶ youtube.com/editoravozes

🟢 +55 24 2233-9033

www.vozes.com.br

Conheça nossas lojas:

www.livrariavozes.com.br

Belo Horizonte – Brasília – Campinas – Cuiabá – Curitiba
Fortaleza – Juiz de Fora – Petrópolis – Recife – São Paulo

  Vozes de Bolso

EDITORA VOZES LTDA.
Rua Frei Luís, 100 – Centro – Cep 25689-900 – **Petrópolis, RJ**
Tel.: (24) 2233-9000 – E-mail: vendas@vozes.com.br